イスラーム教徒の言い分

ハッジ・アハマド・鈴木

めこん

イスラーム教徒の言い分■目次

第一章 イスラームに対する誤解と偏見 7

第二章 ムスリムとはどんな人たちか 33

第一章

イスラームに対する誤解と偏見

私は日本人のイスラーム教徒である。父親が海外でイスラームへ改宗したことから、私もイスラームの道を歩むことになった。イスラーム教徒にはアラビア語の習得が欠かせないと知り、カイロのアズハル大学へ留学して勉強をした。卒業してから、あの世界を揺るがせた石油危機が勃発したのを契機に住友商事へ入り、中東やイスラーム圏とのつきあいがますます深まった。現地での滞在生活も二〇年余となり、知己にも恵まれて、アラブ諸国をはじめ、インドネシア、マレーシア、フィリピンなど、多くの国にイスラーム教徒の友人がいる。イスラームは私の心と身体に沁みとおり、今ではイスラーム抜きの人生などは考えられない。

私のこのような経歴が、日本人としては珍しい部類に属することは自覚している。日本の人も私の過去を知ると、「ほおー、それはご奇特な」というような顔をされる。しかし、私はこれまで日本人を含む多くの非イスラーム教徒と接してきたが、自分がイスラーム教徒だということで不利益をこうむったことはないし、相手に変な印象を与えたこともないと思っている。

ところが、最近、その風向きが変わってきた。私自身が直接に経験したことはないが、イスラーム教徒に対する世間の目がいやな感じになってきたのだ。正確にはアメリカやヨーロッパの見方であるが、イスラームをなにか理解しがたい暴力的なもの、よくわからないけど怖いものと見るようになった。そう、九月一一日以降のことである。

昨年九月一一日のアメリカで同時多発テロが発生して以来、イスラームに対する誤解と偏見があっという間に世界中に広まった。それまでも、どこかでテロがあるたびに「イスラーム過激派」「イスラーム原理主義」「ジハード」などの見出しが新聞やテレビに踊っていたが、九月一一日以降は「テロ」、「アラブ」、「イスラーム」は同義語となった感がある。イスラーム対西欧文明というもっともらしい「文明の衝突」論もそうした誤解や偏見に拍車をかけている。

アメリカ政府はイスラームとテロは別物だと強調しているが、本当にそう思っているのかどうか。アメリカのイスラーム教徒が受けている不当な差別から見て、人々の誤解と偏見は非常に根深いと思わざるをえない。世界に一二億いると言われるイスラーム教徒にとっては実に迷惑な話である。

なぜ、こんなことになったのか。一つには、イスラームがからむ事件について、事実関係の正確な調査分析と報道がなされていないからである。九月一一日だけではない、パレスチナもアフガニスタンも、あるいはその前の湾岸戦争もそうだ。アラブやイスラームが「一方的に」悪者にされる傾向が強いのである。

そして、第二には、西欧社会側にイスラームへ対する「歴史的な悪意」が存在すると考えられる。たとえば「十字軍」の遠征、さらに現在に至るその「伝え方」を思い起こしてほしい。イスラームに対する誤解と偏見が根深いのは、そこに「怨念の歴史」があるからだ。

私は一人のイスラーム教徒として、日本人に事実を正確に知っていただきたい。イスラーム側の声を聞いていただきたい。そして、イスラームおよびイスラーム教徒について正しく理解していただきたいと切望する。

イスラーム教徒一二億と言えば、世界の人口の五人に一人である。あなたの隣人がイスラーム教徒であり、あなたの仕事のライバルがあるいはパートナーがイスラーム教徒であっても何の不思議もない。イスラーム教徒と共存できるか否かではなく、いかに共存するかが問われる時代なのである。

幸い、日本は西欧のようにイスラーム世界との間に長い葛藤の歴史を経験していない。今、イスラームについて多くの日本人は無知ではあるにせよ、偏見なしに理解できる可能性がきわめて高いと思うのである。

イスラームと平和

さて、まず、第一に知ってもらいたいのは、イスラームは何よりも平和を重んずる宗教であるということである。相手の生命、心身、財産、名誉を脅かすような行為をイスラームは固く禁じている。無辜《むこ》の人々に危害を及ぼす行為は唯一神アッラーが赦さず、厳罰を下され、最後の審判の後に待っているのは地獄である。

たとえば、過去中東では何度かハイジャック事件が起きている。乗客を人質にとり、その生命と引き換えに政治要求をするというものである。イスラームでは無論、これを赦されざるものと断定している。一般乗客という罪のない人たちの生命を脅かして、強引に目的を果たす行為だからである。

ましてや今回の同時多発テロは、乗客の生命を無視したまま、目的物に衝突させるという言語道断な行為である。良識あるイスラーム教徒は例外なくその非人道的な行為に激しい怒りを覚えたに違いない。事実、イラクを除いて、イスラーム諸国政府はすべてが、このテロ行為を強く避難して、哀悼の意をこめた弔電をアメリカ大統領宛に送っている。

しかし、残念ながら、この平和を基本とする「イスラームの原則」が、非イスラーム教徒には明白に認識されていない。日本でも一昔前まで「右手にコーラン、左手に剣」という根拠のない「キャッチフレーズ」を学校の授業で教えていたのはご存じのとおり。日本人は、「十字軍」がイスラームに対する「聖戦」で、つまりはキリスト教＝正義、イスラーム＝悪というイメージを植え付けるような教育を、子供の頃から受けてきたのである。さらに近年では中東で起こる事件について、暴力の応酬という報道が多く、そこに長年の学校教育でこびりついた「イスラーム・イメージ」が結びつくから、ひどいことになる。

それに加えて日本では、政治は常に宗教から距離を置くべきだという考え方が支配的だ。つまり「政教分離」があるべき形だというものである。だが、イスラーム教徒にとってイスラームは人間生活全般の規範となるものであるから、政治と切り離すわけにはいかない。イスラーム教徒は、政治に積極的に参加して正しい社会を作りあげることを義務であると考えるし、そこにイスラームの教えが反映されるのは当然なのである。

また、この点ははっきりさせておきたいが、イスラームは完全な非暴力主義ではない。無辜の人々への暴力行為は禁じるが、正当防衛は許している。暴力に対して完全ギブアップという立場をとらない。しかし、これは世界中のどの国家でも当然のことで、日本だって正当防衛は無罪である。

問題はこの「正当性」の判断ということである。当事者はそれぞれに自分の正当性は主張する。そして、声の大きい者、アピールのうまい者の言う正当性が正義としてまかり通ってしまうことがある。第三者は、しっかりした判断力と正確な知識を持っていないと、本質を見落としてしまい、それはいつか自分にはねかえってくるのである。

アラブの見方

九月一一日の同時多発テロから一ヵ月もたたない一〇月七日、アメリカは実行犯をアルカーイダ、首謀者をウサーマ・ビンラーディンと断定して制裁攻撃に踏み切った。ウサーマ・ビンラーディンは一躍世界で最も知られる人物となり、懸賞金付きのお尋ね者として顔写真が世界にばらまかれた。

アルカーイダに基地を提供していたアフガニスタンのタリバン政権は大きな代償を支払うことになった。超軍事大国アメリカの空爆に曝される事態となったのである。タリバンは当時、全土の九割近くを実効支配していたから、その戦域はアフガニスタン全土に等しかった。

アメリカは核こそ使わなかったが、例によって、電子工学技術を駆使した最新兵器で小国アフガニスタンに想像を絶する攻撃を加えた。超高空からのピンポイント爆撃、核一歩手前の破壊力を持つ新型爆弾、高精度ミサイルなど、湾岸戦争の経験を経て彼らの手法はいっそう「洗練」されたものとなった。つまりは、自分たちは怪我をせずに、いかにして相手を効率的に殺すかという技術が限りなく向上したということであるが…。しかし、このような技術の追及に何の意味があるというのであろう。

おまけに今回は、ブッシュ大統領の号令にイギリス、ドイツ、フランス、そして日本などが尻尾を振って従い、テロ撲滅という大義の下に「正義の」多国籍軍が再び組織されたのである。

しかし……おかしい。どこか間違っている。アフガニスタンとアメリカおよび多国籍軍の戦力を比較すれば、大人と子供の差どころではない、屈強な筋肉マン数百人と生まれたばかりの赤ん坊みたいなものだ。そんな無力なアフガニスタンをよってたかって叩きのめす正当な理由があったのか。

確かにテロの実行犯たちはアルカーイダに属していたことがある。しかし、アルカーイダが本当に組織としてあの同時多発テロを実行したのだろうか。その証拠を明白にせよという世界中の声に対するアメリカの答えは「疑わしきものは皆殺せ」だった。

特殊爆弾によってアメリカ人の顔も見ないままに死んでいった数多くのタリバン兵たちは、本当に死に値する罪を犯していたのだろうか。まして、なんのことか訳もわからないままに巻き添えになった貧しいアフガニスタン人の生命は誰が償うのか。

アメリカがベトナムやラオス、カンボジアの国土を蹂躙し、多くの人々の生命を奪ったのは記憶に新しい。アフガニスタン空爆は、あの二〇世紀のアメリカの犯罪とどこが違うのだろう。

こうした疑問はなにもイスラーム圏だけに生じたものではない。日本ではもちろん、当のアメリカでもヨーロッパでもそうした声は聞かれた。しかし、結局はその疑問は圧殺された。「問答無用」である。悪いことをしたやつを殺してなにが悪い、である。

ともかく、タリバン政府は崩壊し、アルカーイダも表面上は消えた。しかし、これはどう考えても一方的なやりかたである。しかも、アメリカを始めとする西側のメディアがこぞってこの蛮行を後押しした。タリバン崩壊の妥当性を説明するために用いられたのは、複雑な中東政治情勢やアメリカの中東政策の分析ではなく、「時代遅れで、女性に過酷な戒律」とか「狂信的なイスラーム原理主義」といった、不快感や恐怖感をあおる大見出しであり映像だった。そして、九〇年代と同じように、イスラームと欧米世界の対立＝ジハード（聖戦）という図式が喧伝された。非イスラーム社会に定着したジハードという言葉もまた、イスラームが好戦的・排他的という誤解をまきちらす要素となったのだが、これについては後で述べよう。

さて、大規模で計画的な犯罪には、首謀者と立案者と実行者がそれぞれに存在することが一般的である。アメリカは首謀者ウサーマ・ビンラーディン、立案者アルカーイダ幹部、実行者アルカーイダ構成員と発表し、日本を含む西側諸国もマスコミもそれを鵜呑みにしたようだ。しかし、あの常識を超えた自爆テロの着想と規模からすると、アルカーイダという武装組織が独力でやったとは考えにくい。事件全体が明らかになるには時間がかかるだろう。

ウサーマ・ビンラーディン自身は、自分がこのテロの首魁であるとは一度も言っていない。カタールのアルジャジーラテレビが何度か彼のインタビューを放映したが、そこでも直接このテロにかかわったとは言っていない。アメリカがなにを根拠に断定したのか、結局明らかにはされなかった。

では、アラブ世界ではどう考えられているのだろう。

実は、ウサーマ・ビンラーディンはその風貌の通り、謹厳実直なイメージがアラブ世界に定着している。サウディアラビア屈指の有名な豪商の家系に生まれ、厳格な躾《しつけ》を受けて育ち、イスラームの正規の教育を終了した人物が、現実世界の非合理に目覚め、何の苦労もない生活を捨て、苦難の道に自らの身を投じたのである。頭でっかちの理論だけの人間に終わることなく、世界の正義を実現しようと身を投げ出した義人——それがビンラーディンだと考えられている。

彼は抑圧されたイスラーム社会の変革を求めて、ソ連の侵略を受けたアフガニスタン解放闘争に参加し、命をかけて戦ったのである。彼こそ、アラブ現代史が生んだ時代の寵児、大義名分を最も大切にする人物だと理解されており、大方のアラブ人は現在もなお、ビンラーディン自らが人命を無視した同時多発テロを指揮したというアメリカの発表に納得していない。

確かに彼はアルカーイダという武装集団の指導者である。その部下たちが今回の事件の実行犯となった可能性はある。部下が不祥事を起こしたら、トップが責任を取るのは当然だから、ビンラーディンは糾弾されているのだろう——そう考えられているのである。

ところで、イラクのサッダーム・フセイン大統領はアラブではどう見られているのか。

彼の自叙伝でも明らかだが、政治闘争のためには殺人も辞さず、必要なら家族も平気で抹殺する、根っからの「テロリスト」という評価が定着している。サッダームは若い時、当時の権力者カーセム大統領の狙撃を単独で実行し、足に銃弾を命中させたが、反撃され、逃げ通してカイロへ亡命した。帰国後は見る間に頭角を現し、バース党を組織して大統領の座に上り詰めた。この間に彼は政敵を粛正し続けており、「ブッチャー・サッダーム」の綽名がある。「この前、サッダームと握手した男がその場で死んだそうだ。心臓麻痺だったらしい。手に触れた恐怖のあまりにさ」というジョークがあるくらいだ。

サッダームは国内のみならず対外的にもその野心をいかんなくに発揮している。八年間にわたったイラン・イラク戦争や湾岸戦争の引き金となった一九九〇年のクウェート侵攻がそれである。

たとえば、イスラーム世界に多大な浪費と荒廃をもたらした無益なイラン・イラク戦争。その開戦理由はというと、国境線のいざこざ問題、対ペルシャ戦争、シーア派への脅威など、全く筋の通らない薄弱な論理ばかりであり、結局はサッダームの野望であったことが明白である。

もっと言えば、シャー国王を倒され、大使館を占拠されて「イラン憎し」に凝り固まったアメリカに、サッダームが「うまく乗せられた」という方が正しいかも知れない。アメリカにすれば、イスラーム原理主義は抑え込めるし、莫大な武器は売り込めるという好都合の展開であったろう。

この八年戦争は、イスラーム原理主義の台頭を恐れたアラブ保守国をイラク側に巻き込んで、高価な武器の購入と無意味な人命と物資の消耗に向かわせた。全世界の富が集中したと羨望された原油資産(オイル・ダラー)もさすがに底をつき、アラブ各国は経済的に疲弊したのである。

この間にイラクは中東最大の軍事大国になっていた。長期の戦争がやっと終結した後で、この肥大した軍隊を養うためにはどうすればいいのか、まわりを見回したら、金持ちの小国が隣に存在していた。クウェートである。

サッダームは、クウェートは歴史的にイラクの一部である、その証拠にはイラクに元来「クート」と呼ぶ都市があり、アラビア語でクウェートは「小クート」という意味だから、クウェートは偉大なイラクに従属すべきである、と得意の屁理屈をこね回したのである。

それでも彼は、当時は仲の良かったイラクのアメリカ大使に一応「隣の国へ入り込むつもりだが」と話したのだが、当時のアメリカ大使は女性で、まさか本気でそんな無茶はしないだろうと思い込み、それを真剣に受けとめなかったと言われる。

とにかく、一九九〇年八月二日、イラク軍は国境を越えて侵攻し、あっさりとクウェートを占領して居座りを続けた。このサッダームのやり方には世界のすべての国が驚き、アラブ各国すら空いた口がふさがらなかった。サッダームはさらに、占領下のクウェートに居住していた外国人までを法的な根拠のないまま捕捉してイラクへ連行し、ゲストの名目で人質扱いとしたばかりか、最後にはイラクの重要施設が攻撃されないための「人間の盾作戦」にまで使ったのである。

翌一九九一年一月、アメリカは国際的同意を取り付け、アラブ諸国の一部を含めた多国籍同盟軍と共に大兵力を投入して、クウェート解放とイラク国内攻撃に踏み切った。ハイテク兵器を駆使した圧倒的軍事力の前に、勝負は四二日という短期間で決着した。イラクは一〇万人以上の死者を出すという惨憺たる敗北を喫した。

しかしその後も、独裁者サッダームは権力の座から降りることはなかった。圧倒的な戦勝をおさめたアメリカ政府としては、その終戦処理政策は前例のない手ぬるいものであり、しかもイラク国内で期待していた反政府勢力への応援もしないで「未完了」のまま放置した。

無論、アメリカがこうした措置をとったのには理由がある。世界の秩序云々はそれこそ名目に過ぎず、要はアメリカ自身の利益がすべてなのである。

アメリカはこう考えた。――サッダームを生かしておけば、周辺の金持ち産油国は恐れおののいてアメリカ依存を強め、武器を大量に買い続けてくれる。

なにしろアメリカは世界最大の「優秀な」武器輸出国なのだ。

また、中東産油国を中心として石油輸出機構（ＯＰＥＣ）というカルテルが存在し、原油価格はその手の内にある。イラクは世界第二位の原油生産国であるから、それを政治的に封じ込め、予備の原油が常に備蓄されているような状況を作り出せば、石油価格の安定化を計ることができる。

こうして、サッダームは生き延びた。以下はあくまで推測であるが、一つのシナリオとして参考になるだろう。

独裁者サッダームは、アメリカに深い怨みを抱きながら、この一〇年間、復讐の牙を研いだ。しかし、その復讐は隠密裏になされる必要があった。なぜならば、イラク全土には常時厳しい空中査察が実施されており、国内にはあらゆるスパイが送り込まれていたからである。しかし、サッダーム政権はその監視をくぐりぬけ、世界の秘密組織と接触を続けた。

時代はその隠密活動を助ける流れとなっていた。冷戦の終結によりデタント・ムードが強まって、多くの反政府運動の活動家たちがお役御免となり、スポンサーに見放され、逮捕されたり、失職したりしていた。その中から優秀な者たちを再雇用するのは、経済制裁を受けているとはいっても、イラク原油の密輸出による収入で充分に賄えることであった。アメリカに家族を殺戮された怨念を抱く者を集めて、戦闘技術を覚えさせる訓練を施し、密約による連帯感を持たせた。そして一〇年。十分な資金の下で厳しい統率が保たれた……。

パレスチナについて

アラブにおけるあらゆる政治闘争はパレスチナ問題と結びついている。テロ事件もまた常に、パレスチナの開放を一つの目標として掲げている。

パレスチナ問題の発端と展開については多くの書物があるので、ここでは述べない。ただ、イスラエルは一九六七年の国連安全保障理事会による「占領地撤退決議」を無視したままだということははっきり言っておきたい。「力は正義」であってはならない。

九月一一日以降、テロ活動根絶を錦の御旗に掲げたアメリカは、イスラエル寄りの立場を明確に打ち出した。それまで、パレスチナ問題はイスラエルなど西側諸国の植民地主義の延長であり、パレスチナ側の闘争はそれに対する民族運動だという、ある程度の考慮がなされていた。だが同時多発テロ以後、それらの酌量は一切切り捨てられ、「反テロ・キャンペーン」の下にイスラエルとアメリカはあからさまに共同戦線を張った。イスラエルは漁夫の利を得たというのが、現在のアラブの一致した見解である。

イスラエルのシャロン政権は、アメリカの後ろ盾を得て、俄然強気になった。有無を言わさぬ武力対決である。圧倒的な軍事力を誇るイスラエル軍の前に、ヨルダン川西岸地域とガザのパレスチナ住民は無力のまま劣勢に追い込まれている。

その中で残された唯一の抵抗手段が、「自爆殉教行為」だった。自らの生命を捧げて自爆するという行為は、日本軍がかつてそうであったように、追い詰められた末に止むにやまれず選択する最後の手段なのである。

二〇〇二年二月には、半世紀に及ぶパレスチナ闘争史の中で初めてパレスチナ女性による自爆特攻という出来事が起きた。ワファーという二〇歳の女子学生がエルサレムの繁華街で爆弾を炸裂させて自らの命を絶ったのである。通常、イスラーム教徒の女性は保護をされるべき存在であるから、間接的な協力こそすれ、直接、危険な闘争の任務につくことはない。これまで女性による殉教行為はただの一度もなかった。したがって、この女性による自爆事件は、中東世界に大きな衝撃を与えた。パレスチナの人々は、もうぎりぎりまで追い詰められているという意思表示をしたのである。彼らのこの絶望をどう受けとめればいいのだろうか。

アラブのほとんどの国は、イスラエルを独立国として承認していない。当然、パレスチナ独立闘争は自国の領土を奪い返すことを目的とした「順法の行為」と考えている。それゆえにイスラエルに対する自爆行為は決して「自爆テロ」ではなく、現状で可能な止むを得ない抵抗の手段であると考えている。武力に劣り、極限状況にあるパレスチナ側に許された玉砕の手段として、自爆を「殉教」と位置づけるのである。

だが、アメリカをはじめとする西欧諸国、日本、更にはエジプト、ヨルダンのアラブ二ヵ国を含めた国々は、イスラエルを既に独立国と認めている。その認定した独立国において無辜の市民を殺害する自爆行為は、「テロ」であり、許すことができない暴力であるという立場をとる。それは殉教自爆ではなく、あくまで「自爆テロ」に過ぎないというのが彼らの見方だ。

九月一一日以降、この解釈の差異が決定的に鮮明となった。「自爆」を指示したとして、イスラエルとアメリカにより、パレスチナ自治政府のアラファト議長はテロリストと糾弾された。しかし、アラファトをテロリスト呼ばわりするならば、なぜにイスラエルのシャロン首相をテロリストと呼ばないのか。シャロンも以前は、イスラエル独立のために戦った兵士であり、テロを実行していた。おまけに彼は一九八二年のレバノン紛争時の軍事大臣で、ソブラ・シャティーラ・キャンプ難民二〇〇〇人余りを虐殺した責任者であり、戦争犯罪人でもあるという見方もある。

有無を言わさぬ武力の前に過去はうやむやになり、イスラエル軍の組織的な暴力はますますエスカレートして、無防備なパレスチナ住民の女性や子供を含む犠牲者の数は増加の一途をたどっている。

そして、衝突が激化した本年三月頃から、アラブ人のアメリカに対する見方が大きく変化してきた。九月一一日のテロについては、多くのアラブ人はアメリカに対して同情的だったのである。しかし、残虐非道なイスラエル軍によりパレスチナの人々の「人間として」生きる権利が圧殺され、その軍事行動にアメリカが同調しているという事実に、アラブ民衆の反アメリカ感情が一気に高まったのである。アメリカに対する怒りは、今後、アフガニスタンにおけるアメリカの行動、イラクへのアメリカ侵攻などに対するアラブ諸国の非協力という形に変化していく可能性が高い。

アラブ側が戦力に劣り、内部でも利害関係が錯綜して、効果的な対応ができていないのは事実である。世界のマスメディアに対する戦略においても、彼らは西側に遅れをとっている。しかし、そこには真実を知る多くの民衆がいるのだ。

われわれ日本人も、事実を確認し、問題の本質を見抜いた上で、物事を判断したい。真実を見ないで国際政治の戦略に乗せられると、結局は日本の不利を招くことになる。

自分で正しい判断をするためには、まず「キャッチフレーズ」にまどわされないことである。本来の意味から外れ、怪しげなイメージだけが一人歩きしている用語がいくつもある。以下、そうした実例について説明していきたい。なお、かっこ内はアラビア語をローマナイズしたものである。

ジハード

非イスラーム社会に定着した「ジハード＝聖戦」という言葉には、時代錯誤のひびきがある。この言葉を使う時、誰も論理は期待していない。理解しようという努力を放棄した無責任な用語でもある。そういう意味では、「イスラーム」の使われ方にあい通ずる。つまり、わけのわからないものをすべて投げ込むブラックボックスが西欧における「イスラーム」であり「ジハード」なのである。

ジハードの語根ジャハダ（JHD）の意味は「努力する」ということだけであり、「戦う」のハリバ（HRB）という概念はその中に含まれていない。ジハードの根拠とされるコーランの第六一、戦列章一一節には、こう記述されている。

それにはアッラーと使徒を信じ、あなたがたの財産と生命をもってアッラーの道に奮闘努力することである。

その語根が名詞化されて、ジハード（Jihād）となったのであり、広義の正しい解釈は、苦労して堪え忍び努力するということである。さらには、自己の欲望を抑える克己、ひいては自分自身を守るための奮闘という意味となる。

専門用語として狭義の意味で「ジハード」を定義するならば、「人間の基本となる生命、肉体、理性、財産、信仰などが脅かされた時、敢然と抵抗すること」である。この定義がさらに意訳をされた結果、聖なる戦いの「聖戦」となってしまった。

イスラームでは、あくまで平和を第一義としており、人間の尊厳が踏みにじられるような状況がない限り、武器を取って戦うことを禁じている。最初は堪え忍ぶことを旨とするが、それでも侵害され、非暴力を貫くことが無理な場合にやむなく戦いを許可するというのが「ジハード」の持つ本当の意味なのである。そのため、ジハードには行動に規制が設定されており、自衛の域を越えるような攻撃は許されていない。戦闘においても、敵方の兵士のみを討ち、女性、子供、老人などの非戦闘員の殺害を固く禁じている。同じく、先制攻撃を行なったり、他に損害を与えたり、恐怖に陥れること、名誉を傷つけることなどをもイスラーム法では戒めている。

このように、本来のジハードには、どこから見ても好戦的な意味合いはない。意図的な拡大解釈や、いい加減な誤用が「ジハード」に誤ったイメージを付与することになったのである。

再度強調するがイスラームの基本精神はあくまで平和であり、民族の協調を勧めている。だからこそ、アメリカで起こった同時多発テロは卑劣な犯罪で、重罰を課すべき悪行であるとして、イスラーム諸国がこぞって非難をしたのである。

イスラーム原理主義とイスラーム過激派

原理主義という言葉が、イスラーム世界に登場したのは一九八〇年代になってからだ。欧米のマスコミがイラン革命を評して、この呼び方を広めたのであり、新たに生まれた造語と言える。それ以前のイスラームには原理主義という単語は存在していなかった。むしろ、七〇年代のアラブ世界での流行語は、当時の東西冷戦を受けた「イスラーム社会主義」であった。時代の動きを反映して、九〇年代からは社会主義の語が廃れた代わりに、「イスラーム原理主義」という流行語が幅をきかせてきたようである。

原理主義＝ファンダメンタリズムというのは、元来キリスト教にだけ存在した。それは、聖書に書いてあることをそのままの事実であると信じる特定の一派をさしている。この宗派は、やや時代遅れの狂信的グループのイメージが強かった。信仰さえすれば病気になっても医師に診てもらう必要はなく、神様が助けてくれると考える人々である。聖書の中には、イエスが多くの奇蹟を起こした記述があることから、それをまるごと真実として信仰するのである。聖書への信仰がすべてを解決するという見方であるが、それとイスラーム教徒のコーラン信仰を混同してできたのが、「イスラーム原理主義」という呼び名である。

しかし、後に詳述するが、聖書とコーランは全くその成立の過程が異なっており、コーランにはイエスが行なったような非論理的な奇蹟が全く書かれていない。また規範を守ることに重点を置くイスラームには、信仰だけで足りるとする原理主義など存在しえない。

それにもかかわらず、イスラームに原理主義のような宗派があり、それは死ぬことを何とも思わない理性を無視した狂信者のグループであると極めつけるような論調は、中東問題を本当に理解するにあたり、有害となっても益となることではない。

これまで中東世界でイスラーム原理主義者と目される最も代表的な人物といえば、イランのホメイニー師であろう。イランのホメイニー師は、アーヤトッラー（アッラーの模範の意）の称号を得た、シーア派では最高位の法学者であった。後述するが、イスラーム法を修めた法学者は、イスラーム社会の行動指針を決定する重要な役割を果たしているから、当然のことながら一国を指導できるだけの見識を備えている。

それはプラトンが主張した哲学者による政治と同様に、イスラーム社会が理想とするかたちでもあった。冷酷な国際政治の舞台の中でイラン・イラク戦争を戦うこと余儀なくされたホメイニー師は、期待に応えた理想の成果は上げられずに逝去したが、その後のイランは自国の採るべき道を確実に歩んでいる。

それでは、イラン革命などに見られる革新的な動きは何であろうか。それは苦悩するイスラーム世界が、イスラームを原点に据えて、新たな世直しを行なおうとする回帰運動と言える。中東世界に錯綜する様々な難問を解決するために真剣な努力を払おうとする時、常にその強固な基盤となるのがイスラームなのである。こうした動きを「原理主義」という言葉でひとくくりにし、キリスト教の一派から連想される「狂信的な時代遅れのグループ」というイメージを定着させようとする政治的意図を推し量るべきであろう。

「イスラーム過激派」という名前も、マスコミのせいでかなり一般化したようだ。しかし、そもそも過激派というのは、人間の集まりがあれば、その一部に必ず存在するものである。だから、過激派はキリスト教徒にも、仏教徒にも、また、どんな団体にもいるはずであり、イスラームだけに結び付ける必然性は全くない。

またこの「過激派」という言葉は、しばしば反政府グループの代名詞に使われている。現在見るイスラーム諸国は、中世から近代まではイスラーム圏として一つの大きな政治、文化地域であったものが、国家という小単位に分割されたために、非常に複雑なものとなってしまった。各国により政治体制は異なるし、人種、部族、言語、宗教が様々に混じり合い、人々の価値観も同じではない。その複雑きわまりない場所に、石油資源が埋蔵されており、その争奪をめぐって他国の干渉や思惑がからみあう。特に現在のイスラーム諸国では、アメリカとの関係をめぐり、協調路線をとる政府とそれに批判的な民衆レベルでの反発が鮮明になりつつあるとの指摘をよく聞く。

つまり、一筋縄ではいかない政治がこの地域の水面下で繰り広げられ、一筋縄ではいかない反政府運動の流れが噴出するのである。しかし多くのマスコミはそうした複雑な動きをきちんと追求しないまま、過激派という名前とイスラームを直結させ、単にイメージだけの安易な見出しを作りあげている。こうしたマスコミ報道が、イスラームやアラブについて誤解を生ませる伏線となっているのだ。

自爆テロと殉教

九月一一日の事件は「自爆テロ」だった。そして、現在もイスラエルにおいて、パレスチナ人による「自爆」が頻発している。前にも述べたように、アラブのほとんどの人々はパレスチナ人の行為を自爆「テロ」とは考えない。九月一一日とパレスチナは別物なのである。しかし、アメリカやイスラエルは両者を同一視する。

いずれにせよ、イスラーム教徒による行動ということで、「自爆」という行為がイスラームの印象を危険なものにしているのは否めない。それでは、イスラーム教徒は「自爆」あるいは「自爆テロ」をどう受けとめ、またイスラームの教えではどう解釈されるのだろうか。

「自爆テロ」というのは合成語であるから、自爆行動とテロ行為のそれぞれの意味に分けて説明をしなければならない。イスラームではテロ行為がその理由のいかんを問わず、認められないことは既述した。そして、自爆行動については、それが「自殺行為」なのか、「殉教行為」として捉えるかによりその解釈は違ってくる。

自殺という範疇に入るものならばこれは大罪となる。イスラームでは、自分の存在は両親から授かったものであり、粗末にしてはならないと教える。両親はその祖先から、祖先はまたその祖先から命を授かり、最終的に神より与えられた命であるから、自殺は厳禁である。自殺で人生から逃避することなぞ絶対に許されない。

自殺という大罪を犯した人間は地獄の責め苦を受けるとされている。自殺の際に味わう苦しみは一瞬だが、地獄の責め苦は永遠である。これでは自殺は割に合わない。こうした考えはユダヤ教徒、キリスト教徒にも徹底しており、日本で見られる「死の美学」というのはイスラームにも存在しない。

したがって、過去の中東世界に自爆行為はまったく見られなかった。衝撃的な自殺特攻作戦を中東に持ち込んだのは、一九七二年の日本赤軍によるテルアビブ・ロッド空港乱射事件である。それ以前のゲリラには、特攻作戦という行動様式は見当たらない。日本の「カミカゼ」の名前をアラブ人は漠然と知ってはいたが、遠く離れた東国のものと捉えていた。実際に目撃するまで、特攻精神がどういうものか想像もできなかったにちがいない。

さらにアラブ人を驚かせたのは、日本赤軍という非アラブ人が、日本人の仇敵とも思われないイスラエルになぜ命をかけて攻撃したかである。エルサレムが世界の問題であるにしろ、それまで何の縁もゆかりもなかった日本人が、何ゆえにパレスチナ問題のために生命をかけたのか。それは当然の疑問であり、正直なところ、戸惑いですらあった。

実際には、日本で革命を追求した左翼組織が追われて日本からの脱出を図り、連帯先を外国に探していた時に、たまたま遭遇したのが中東の革命組織であったということであろう。そして日本人の誠意を見せるためという糞真面目さが、この事件を産んだのであろう。

当時、私は留学先のエジプトで、この赤軍の行動について友人たちからよく質問されたが、それは「偶然の産物」であったとしか説明できなかった。どう考えてみても、聖都エルサレムをめぐる中東問題の渦中に、宗教を全く知らず、イスラームやユダヤ教とも無関係な日本人の輩が乗り込んで自爆行為をする正当な理由は見つからなかった。その不可解な行動は断じて「殉教」ではありえなかった。それこそが正真正銘の「テロ行為」だったのである。

「殉教」（イスティシュハド Istishhād）という言葉は、「信仰宣言をする、証言する」と同一の語根シャハダ（SHD）から出ており、「自らを捧げ示すこと」であり、特に唯一神アッラーの道のために自らを投げ出すことである。殉教者シャーヒド（Shahid）には天国が約束されており、戦死したものや、仕事中に倒れて死亡した者たちは幸いとされている。

通常、イスラーム教徒が死ぬと、遺体を水で清めてから白布に包んで埋葬するのだが、殉教者にはその清めを必要としないほど栄誉があり、価値がある尊い死とみなされている。だから殉教は、その個人の生命より、さらに次元の高い何かに捧げる時に成立することになる。自分の死が、何か尊いことのために役立つと確信した時に、初めて殉教としての意味を持つのである。

こうして「ジハード」における殉教は成立するのであるが、それは大義ある立派な行為でなければならない。自爆行動が戦争時に遂行されれば、これは意義のある殉教となる。しかし、無辜の市民を対象とするような自爆テロは決して殉教という範疇に入らない。

だが、現在パレスチナで起こっているのは、圧倒的優位に立つイスラエル軍部による組織的なパレスチナ占領地への侵略と破壊と殺害であり、それに抵抗する民衆レベルの自爆行為というのがアラブ側の理解である。だから、イスラエル市民を巻き込む自爆行為も止むに止まれぬものと受け止めるほかはないというのが本音であろう。

イスラームとムスリム

イスラームについての誤解や偏見の最大の原因は、当然のことながら、「無知」ということだろう。これだけ世界が狭まり、人の行き来が激しくなって、知識が共有され、利害が錯綜する時代になったのに、世界の五人に一人というイスラーム教徒が何を考えているのかを正しく知ろうという人があまりにも少ない。イスラーム教徒と非イスラーム教徒は文字通り「隣人」なのにである。

まず、あまりに基本的なことであるが、イスラームとイスラーム教徒は違う。イスラームの教えは一つしかないが、イスラーム教徒はピンからキリまでいる。イスラーム教徒も人間だ。いいやつもいれば悪いやつもいる。イスラームとイスラーム教徒を混同しないでいただきたい。

しかしそのことを述べる前に、ここで「イスラーム教徒」を称して何と呼ぶのか、その固有名詞を紹介しよう。英語辞書にはすっかり定着している「ムスリム　Muslim」である。日本では国語辞典の一部に掲載されているものの、まだ市民権を得ていない単語であろう。これはアラビア語で「唯一神アッラーに自らを捧げた人。すなわち、アッラーに帰依した者」を意味する。また英語では男女の別なくイスラーム教徒を総称して「ムスリム」と呼んでいるが、アラビア語でムスリムといえば男性信徒であり、女性の教徒を「ムスリマ」と呼ぶ。

さて、古くからムスリムとイスラームの関係について多くの論議がなされてきた。

「ムスリムがイスラームを高貴にしたのではなく、イスラームがムスリムを偉大にしたのである」とは、すぐれた著作を残したムハンマド・アサドの言葉である。

このようにムスリムとイスラームを峻別することから議論が始まるのであるが、ほとんどの場合、ひとしきりの論争が終わると、「イスラームは神与の教えであり最高で最終のものであるが、それを実践するムスリムがその教え通りに従わないために色々な問題が起こるのである」との結論で締めくくられる。

この結論は確かに皆を納得させるものではあるが、それでは実際に直面する問題をどうすればよいかという解答にはならない。そこで論点は新たな段階に移り、イスラームの真の教えの解釈に照らして、ムスリムがどんな行動を取らねばならないか、更なる検証が展開していくのである。

コーラン最初の啓示には「人間に未知なることを教え給う」とあり、イスラームはムスリムにとって常に学ぶ対象であり、探求する教えなのである。教えを守り従うにはどうしたらいいのか、正しい解釈を行なうにはどうするかという努力が求められ、それを実践する方法が必要となる。単に信仰するだけで足りるというものではない。ムスリムは信仰と共にイスラームの実践が重要なのである。その実践は目に見えるものであり、日常生活と直結するものである。こうしてムスリムの行動に基づいたムスリム社会が形成されていくのである。

非ムスリムの中には、ムスリム社会にある諸々の問題がイスラームという宗教に起因するのではないかと言う人もいる。もしそうなら、一二億のムスリムは途方にくれるしかないだろう。しかし、ムスリムはそのような考え方を決してしない。問題の原因はイスラームではなく、ムスリム自身の至らなさにあるとする。ムスリムが安穏として怠惰に陥っていたからという自省であり、自分たちのイスラーム理解の不十分さが原因だと考える。

イスラーム世界の近代化が遅れ、苦しんでいるのは、ムスリムが正しいイスラームの教えに従っていないためだ。ムスリムは正しいイスラーム法に基づく社会に作り変えようとする努力が必要だ——ムスリムはそう考える。ムスリムが考える理想の社会とは、既に七世紀に存在し、指針はコーランに示されていると確信しているのである。この内容については後章「イスラムの常識」、「イスラームの歴史」で説明していこう。

第二章

ムスリムとはどんな人たちか

ムスリムとはどんな人たちですか、とよく聞かれる。質問の前提になっているのは、ムスリムというのは（日本人とは）ちょっと違った人たちらしい、しかしどう違うのかよくわからないという認識だろう。

この章ではムスリムの「見た目の」特長について述べたい。それを大きな違いととらえるか些細なことと考えるかは、あなた次第である。

ムスリムは外見から判断できるか

昨年九月一一日以降、テレビは、これが過激派だ、原理主義者だと但し書き付きで、毛むくじゃらの「あごひげ」を蓄えた男どもの映像を日夜にわたり見飽きるほど流し続けた。

確かに中東世界の男性の多くが見事な鬚を生やしている。あの鬚に何か特別な意味はあるのか。はたして鬚がムスリムを判別する決め手となるのだろうか。

たぶん「鬚とイスラームの関係なんかないだろう」と思われる方が多いだろう。ところが、関係はあるのである。ムスリムが鬚をのばすのにはれっきとした理由がある。それはサンタクロースのお爺さんとも関係がある。「サンタ」とはキリスト教の「聖者（セイント）」という意味であり、偉い聖職者だった。クリスマスにやってくるサンタは白く長いあごひげをはやしているが、彼も年寄りになる前は黒々とした立派な鬚を蓄えていたに違いない。若い頃のサンタクロースを想像すれば、あのテレビで放映されるナントカ主義者のイメージに近くなってくるだろう。

実はサンタさんが属したキリスト教は、イスラームと同様に中東世界で誕生しており、根元を同じくする兄弟宗教なのである。この地域では昔から、聖人とか預言者という偉い人のほとんどが鬚を蓄える慣習を持っていた。その証拠には、十字架上のイエス・キリスト像にも鬚がある。

ムスリムの場合は、特に唯一神の使徒と仰ぐ預言者ムハンマドが鬚を蓄えていたという範例に倣うのである。預言者の範例や慣行は、教徒が守るべき正しい基準とされており、アラビア語で「スンナ(Sunna)」と呼ばれる。これに関しては後で詳しく述べるが、とにかく宗教指導者や、宗教学者、法官などは、特に預言者の慣行（スンナ）を意識して守ろうとする伝統があるので立派な鬚を蓄えるのである。日本人が頭を剃った人を見て坊主と思うように、あごひげの持ち主がムスリムだと考えるのもあながち間違いではない。

このようにムスリムに鬚を生やした人が多いのは事実であるが、そうかといってすべての男性信徒が鬚を伸ばしているわけではない。中には鬚のないムスリムもいる。アジア人は一般的に鬚が薄いから、鬚なしの教徒は結構多く、現に私の場合も鬚はない。鬚はムスリムを判別する完全な基準とはならないが、あながち的外れでもないということである。

では、女性教徒（ムスリマ）を見分ける方法はあるか。

女性については、その服装から判断するということになるだろう。アラブ諸国では、黒い布を頭からすっぽり被り、身体の全部を覆っているから見分けるのは簡単である。特にアラビア半島の女性は人前で素顔を見せることを絶対にしないが、その他のイスラーム諸国では顔は隠していない。女性の服装に関してはコーラン、第三三、部族連合章五九節がその根拠となっている。

預言者よ。あなたの妻、娘たちにも、また信徒の女性たちにも（人前に出る時は）長衣を纏うように告げなさい。こうすれば、認められ易く害されずに済むであろう。

この解釈を基にして、イスラーム法では、女性が手首と足首までの衣服を着け、髪の毛を覆うことを正しい服装様式として定めた。今日マレーシアやインドネシアなどの女性信徒に見られる服装が、その規定に適ったものである。

アラブ諸国において全身を覆うのは、砂漠という厳しい環境のために女性を保護する手段としてその地に適した衣装習慣が根付いたと考えられるが、これはアラブ圏のみである。その紫外線除けの被り物を何世紀ものあいだ着けてきたおかげで、アラブの女性は色白美人となり、日焼け止めクリームを必要としないメリットもあったようである。

女性信徒が髪の毛を覆い隠すスタイルは、全イスラーム圏に共通である。これは、女性が礼拝を行なう時には「必ず頭髪を覆うこと」とイスラーム法の規定があるのと、前掲のコーランの教えがあるためで、女性は人前で頭髪を見せないきまりが定着したのである。

今日、女性信徒のスカーフ常用を宗教色が強いものとして、マスコミ報道がしばしば取り上げている。結論から言えば、これも外見から女性信徒を判別する一つの目安とはなるであろう。

ムスリムの挨拶

ムスリムを見分ける簡単な方法として、「挨拶の言葉」に耳を傾けるという手がある。ムスリム同士が出会うと、必ず、「アッサラーム・アライクム（あなたの上に平安あれ）」と声をかけるし、それに対して、「ワ・アライクム・サラーム（あなたの上にこそ平安がありますよう）」と挨拶が返ってくる。この言葉には、ムスリムが中世から近世まで、何世紀にもわたり平和な共同体を建設し維持してきたという歴史に対する誇りがある。挨拶を終えた後、手を胸に当てる人も多い、だが、最近ではこの挨拶に、近代の国際政治や戦乱に巻き込まれて、戦いを余儀なくされているという悔恨と反省も秘められているような気がするのは、私だけの思いであろうか。しかし、非ムスリムの人も、その挨拶に込められた平和の想いを理解していただきたい。

ちなみに、ムスリムの側から日本人の挨拶を見ると、膝に手を当てる日本式お辞儀の仕草はムスリムが行なう礼拝（サラート　Salāt）の立礼作法そのものであり、三つ指をつく座敷での挨拶はムスリムの礼拝の座礼形式に酷似している。そのことに驚くと同時に日本人に親近感を覚えるムスリムは多い。

ムスリムの習慣

ムスリムには特有の習慣がいくつかある。それを見れば、この人はムスリムだと判断してほぼ間違いないというものである。

代表的なものが「右手使用のこだわり」である。イスラームでは、礼拝に先立って必ず身体を清浄にするという規則が七世紀の時代から確立されていた。その際に右手を優先して左手をなるべく使わないという習慣がある。これは右手を食事に用いて、左手をトイレの始末に使うという昔からの生活慣習から来ている。だから握手に左手を出すことはないし、聖なるコーランを左手だけで持つことをしないのである。

「数珠の使用」も最近のアラブ人に流行している習慣であろう。唯一神を念ずる時、念唱の回数を数える補助として数珠を使うのである。しかし、ムスリム全員が所持している必需品ではないので、ムスリムを確実に識別するものではない。

またイスラーム圏は、陽射しの強い国が多いせいか、それぞれの国に独特な帽子の使用がある。例えば、インドネシアやマレーシアでは通常黒い帽子を、マッカ（Makkah　従来は英語読みから来たメッカという表記だったが、アラビア語読みのマッカに改められつつある）巡礼を終えた者は白い帽子を着用するなど、各地域により異なったものがある。

ムスリムの名前

ムスリムを識別する確実な方法はパスポートを見ることである。世界中のどの国のパスポートにも、氏名、生年月日、出生地が必ず記載されている。まず氏名であるが、ムスリムの名前のほとんどが、実はコーランやその他の聖なる経典の中に記された名称から拝借される。

多い順番に言えば、預言者の尊名にあやかろうとして、「ムハンマド」という名がだんとつである。これはどうやって個人を区別するのか心配になるほど、巷にあふれている。ただ「ムハンマド」だけでなく、どこそこのムハンマド、背の高いムハンマド、太ったムハンマドなどと形容詞を冠して区別する場合も多い。また同じ語根（ハマダ HMD）から派生した、アハマド、マハムード、ハミード、ハミーダ（女名）、ハムディーなども多い。

次に人気が高いのは、聖書に現れる預言者たちの名前である。以下、アラビア語風の読みになっているので、ピンと来ないかもしれないが、括弧内を読めばご存じの人名であろう。

イーサー（イエス）＝十字架の上で磔になった聖者キリストのこと。
ムーサー（モーゼ）＝十戒を伝えた宗教指導者。民衆を率いて海を渡った話は有名。
ダウード（ダビデ）＝ダビデの星の主。巨人を投石で倒したという強者。
スレイマーン（ソロモン）＝栄華を誇り、シバの女王との恋愛ストーリーの主人公。
イブラヒーム（アブラハム）＝我が子を神のために犠牲に捧げようとした信仰の人。
ユースフ（ヨセフ）＝美男子。夢占いのスペシャリスト。
ユーヌス（ヨナ）＝逃亡者。大きな魚に飲み込まれたが、命が助かり改心した男。等々

どうして聖書にある預言者たちの名前をムスリムが好むかというと、それはイスラームがユダヤ教、キリスト教を認めているからだが、詳しい説明は後にしよう。

次いで、預言者ムハンマドの家族や、教友たちの名前もポピュラーである。預言者の孫にあたる、ハサン、フセイン、従兄弟のアリー、叔父のハムザ、アッバース、女性の名では妻のハディージャ、アーイシャ、娘のルカイヤ、ファーティマなど。

預言者と同じ時代を過ごした信徒としては、後にカリフとなった、アブーバクル、ウマル、ウスマーンなど、いずれも歴史の教科書や、新聞などでお目にかかっているだろう。

こうした実在の人名の他には、唯一神アッラーの徳性そのものを示す、有り難くて意味の深い九九の美質の名称を使わせてもらうのが一般的である。寛容（カリーム）、慈悲（ラハマーン）、自愛（ラヒーム）、全知（アリーム）、全能（カーディル）など、九九あるという唯一神の属性を示す名前から、適切

なものを探し出すのである。この場合アッラーに仕える良いしもべになりますようにという意味を込めて、しもべ（アブド）という名詞を連結して、「アブド・カリーム」（寛容のしもべ）とか、「アブド・ラハマーン」（慈悲のしもべ）といった呼称にする。

その中で唯一神の御名を直接いただいたのが「アブド・アッラー」、それを縮めて「アブドッラー」であり、どのイスラーム諸国でも常に人気の上位を占める名前である。

私のムスリム名は「アハマド」であるが、これも預言者にあやかった最もポピュラーな名前である。父がインドネシアの友人からもらったらしいが、同名の多さでは我が家の姓である日本の「鈴木」に匹敵するか、いやそれ以上であろう。

ムスリムの姓名表示

現在の日本における姓名表示の構成は、家族名（ファミリー・ネーム）と本人名の二つだけをつなげた方式となっている。家族名を使うのは、昔から家を中心とする家父長制度があったからであり、農耕民族の特長ともされている。では、ムスリムの姓名の表示はどうなっているのか。

中東の世界では、昔から個人名を連綿とつなげる方式であり、血筋のつながりをどこまでも追いかけていくという表示法である。つまり、本人から父親、父の父親である祖父、祖父の父である曾祖父、そして曾曾祖父それから曾曾曾祖父と、どこまでも名前を続けていく。これが正式な名前の呼び方であり、落語にある長い長い名前の「ジュゲム（寿限無）ジュゲム、ゴコウノスリキレ、……」に決してひけを取らない立派な長い長いものとなる。

同様な名前の表示は、聖書の中にもあり、日本語訳になると「誰々の子、誰々の子、誰々の子、そしてマリヤの子、イエス・キリストの系図」という有名なくだりとなる。

アラビア語では、子の部分にイブン（ibn）またはビン（bin）を付けるから「ビン……という名前が多くなるわけである。また女性の場合は、娘にビント（bint）を付けて後は父親の名前が同様に連続していき、母親の名前は表れない。

今日の旅券ではもちろん、ジュゲム調の長い名前を簡略化している。通常は「本人、父、祖父」の三つで切り、四番目には部族名、家族名、出身地名、職業名などの出自を示す名称を付すのが一般的である。だが四番目を特に持たない場合には、曾祖父の名前を書くことになる。

例えば、サウディアラビアの外務大臣の正式な名前は、サウード（ビン）ファイサル（ビン）アブドルアジーズ・アルサウード、とかなり長くなる。サウードがご本人の名前で、父はファイサル――名君の誉れが高かったファイサル国王――で、祖父がアブドルアジーズ――「砂漠の豹」の異名を持った建国の祖――で、四番目のアルサウードが家族名である。こうして名前を見るだけでその名門の血筋が一目瞭然となる。

今回の同時多発テロで、時の人となったビンラーディンの正式な名前は、ウサーマ（ビン）ムハンマド（ビン）アワド・ビンラーディンである。彼の本名はウサーマであり、父親の名前がムハンマドで、祖父がアワドである。ビンラーディンは彼の家族の名前であり、中東最大手の建設会社を経営する有名な大財閥である。アラビア語を全く知らないマスコミが、最初「ラディン」とだけ呼んでいたが、これでは現地で通用しない。

この表示法からはっきりするのは、まず名前の連なりがすべて父系の血統であり、母系ではないことである。つまり中東社会は長らく父系を中心とした構造であったと推測できよう。

また、この名前の連なり、すなわち系図をどんどんさかのぼれば、アラブ人の祖先までたどりつくことが可能なはずである。それは神話の時代にまでたどりつくことになるが、実際、アラブ文献は七世紀を通り越して、紀元前遥か昔のアラブの血筋を伝えている。

それによると、アラブ人の先祖はユダヤ人の祖先と同じアブラハムで、彼がイスラーム聖地マッカに存在するカアバ神殿を建立したのだという。アブラハムの正妻はサラであり、その子孫がユダヤ民族となるが、アラブはもう一人の妻となったハガルの子孫だというから、両民族は腹違いの兄弟となる。確かに両民族は顔が似ているし、能力でも優劣はつけがたい。それが二〇世紀においてパレスチナ問題で衝突しているのは、なんという皮肉な歴史の巡り合わせであろう。

イスラーム暦

パスポートの生年月日に、一三××年とか一四××年と記載されていれば、まずムスリムに間違いないだろう。その年号は、「ヒジュラ暦」と呼ばれるイスラーム世界の暦であり、西暦六二二年を元年としている。

六二二年は預言者ムハンマドがマッカの多神教徒による暗殺から逃れ、北西へ四〇〇キロ余り離れたマディーナ（メディナ）へと移住して、新しい共同社会を形成する大きな節目となった年である。移住のことをアラビア語でヒジュラ（Hijrah）と呼ぶので、暦の名称に当てたのである。イスラーム世界では今もこの暦で動いており、日本の平成、昭和などの年号と同じようなものである。

ただしこの暦は太陰暦であり、新月から次の新月までを一月として、その長さは二九日または三〇日とする。そのため暦の一年は太陽暦より毎年一一日ほど短くなり、季節感との差異が出てくる。

そのかわり、曇り空が少ない砂漠の中東世界では月が見えないことはないので、月の満ち欠けする形を眺めて、三日月なら月初め、満月なら月中の一五日というぐあいに、日付の見当がつけやすい。

ちなみに西暦二〇〇〇年は、ヒジュラ暦一四二一年にあたり、イスラーム社会はまだ一五世紀だということがわかる。

イスラーム暦がムスリムにとり大変重要な意義を持ち、将来にわたり長く使用されると思われるのは、イスラームの宗教行事がすべてこの暦の日付に従っているからである。

暦の第九月がラマダーンと呼ぶ断食月であり、その間日中の食事を一切しない。また第一二月には聖地マッカへの巡礼行事が盛大にとりおこなわれる。特にアラビア半島にある諸国では、生活そのものがこの暦に沿って動いており、西暦（グレゴリア暦）よりも広く使われている。だから当然のようにムスリムのパスポートでは生年月日に一五世紀の日付を記しているのである。

ところがムスリムも外国で生活する時には、西暦表示による生年月日を要求される場合が多くなる。ヒジュラ暦を正確な西暦の日付に直すのは結構ややこしく、古い暦を引っ張り出すか、図書館などで西暦との日付対照表を調べなければならない。

だから、ムスリムが外国で書類を提出する時は、本当の誕生日におおよそ近い日を適当に記入したり、面倒を嫌って一月一日としてしまう場合が多い。ムスリムに元旦生まれが多いというのもこんな事情によるのである。

ムスリムの出身地

国籍や出身地から本人の宗教を推測するのは、そんなに難しいことではない。サウディアラビアや、クウェート、カタールなどの国々では、九九パーセントがムスリムである。イランやパキスタンのように、イスラーム共和国を名乗っている国もほとんどがムスリムである。

だが人口が多く歴史の古いアラブの国々には、キリスト教徒などがいるので、その場合は名前で判断することになる。キリスト教徒は独自の名前を付けているから名前で判断できる。インドネシアやマレーシアのようなアジア圏でも名前による判別となるであろう。

イスラーム圏では、どんな町や村にもモスク（礼拝所）があり、日常生活に宗教が組み込まれて、まとまった共同体を形成している。大都市を除き、地域で宗旨の色分けがあるから、同国民なら、出身地を聞くだけでその人の宗教を推測できる場合が少なくない。

例えばレバノンは、小さな区域や地域ごとに各教徒、各宗派が集まり住んで、モザイク模様をなしている。それが内戦の悲劇を生んだ原因ともなったのだが、居住地により宗教が分かれている。ベカー高原にはイスラーム教徒が、海岸近くにはキリスト教徒が、ドルーズ山中にはドルーズ教徒が住んでいた。ただし、宗派の最小単位は家族であり、日本のように家族メンバーでさらに宗教が細分化することはまずありえない。

ムスリムの思考法

イスラームにはイスラーム特有の思考法がある。もちろん個人差があるので、すべてのムスリムが同じように考えるというわけではないが、あらゆる物事を常に明文化し、理論立てて説明するというのがイスラーム本来の態度である。その根底にはイスラームが採用したアリストテレスの形式論理学がある。現代文明を築いたヨーロッパも、実は彼らが失ったギリシャ哲学をアラブ文化から吸収したという経緯があった。

この章のはじめにムスリムが鬚を伸ばす理由を述べたが、なぜ鬚を伸ばすかの理由を説明する時にも、次のように色々と分類を行ない、それに段階を設けて、正しい答えに到達するのである。

鬚を蓄える理由として、「預言者のスンナに従う」というのが、正しい狭義の解釈であるとされている。広義な解釈に基づくならば、「鬚は男性の象徴」という意味合いも含むとしている。つまり「鬚」は、男女を識別する目安の一つだというのである。

その背景には、男性と女性は明確に識別される存在であるという理念が横たわっている。念のために強調するが、それは「男女の識別」であり「差別」ではない。現代社会では男女の中性化が流行し、「男女差別撤廃」が声高に叫ばれている。しかし、「差別」はもちろん悪いが、「識別」はむしろ大切なことではないだろうか。すなわち、性別は自然の定めであり、両性はそれぞれに得意な分野で役割を果たすのが自然だ。それゆえに人間は異性の特質を互いに認め合い尊重して助け合うことが大事であり、子供を出産する母体への庇護は徹底するべきだというのがイスラームの考え方なのである。

「鬚」に戻ると、さらに常識的な考え方として、砂漠では水が少ないために鬚剃りも容易ではなかったろうとか、かみそりの入手が簡単ではなかったとかいう現象面からの理由をも検証するのである。

こうしてムスリムはなぜ鬚を伸ばすかという考察の結論をまとめると、次のようになる。

①預言者の慣習に従うため…これが正解で狭義の特定された回答となる。

②男女を識別する手段のため…これは広義な解釈の一つ。

③砂漠の環境で水が少なく、剃刀もなかったから…これがより広義の常識的な答え。

こうした思考法が行きわたっているので、イスラームを理解するのはそう難しいことではない。日本人はよく「宗教は難解だ」とか「理解不可能なのが宗教だ」とか言うが、ことイスラームに関してはそんなことはまったくない。ただし「イワシの頭も信心から」というような非合理的な宗教観は真っ向から否定される。納得のいかないことは徹底的に明らかにして、疑問は残さないというのがイスラーム的なやり方であり、無理に信仰を押し付けることはしないのである。

こうしたことを知らないで、「イスラームは非合理的で強制的な宗教だ」と誤解している人も多いのではないだろうか。全く逆である。「イスラームには強制がない」ということを強調しておきたい。

第三章 ムスリムとしての生き方

現在、世界には約一二億人のムスリム人口がいると報告されている。地球上の五人に一人がムスリムということになる。彼らはもちろん特殊な人間ではない。日本のあるいはアメリカの非ムスリムと同じように、平和で争いのない世界になることを心から望んで日々を送っている。ただし、ムスリムが生きていく上で拠って立つもの、言い換えればもっとも大切に思うものは、非ムスリムとは異なっている。それは信じる宗教によって異なることだから、当然である。そして、おたがいにそのことを当然と認めあえば、争いはもっと減るはずだと思う。

ムスリムは何を信じ、どんな日常生活を送っているのか。ムスリムには、生まれながらのムスリム（Born Muslim）と入信したムスリム（Converted Muslim）がいるわけだが、それぞれについて述べてみたい。

ムスリムとして生まれる

生まれながらのムスリムとは、父親がムスリムであった人を指す。その子供は、ムスリムとして誕生する。父親は子供の名前を選ぶ時に自分が属する社会に最も相応しいと思う名前を選ぶだろう。それは彼が愛する両親の名前、つまり生まれた子供の祖父母の名を付けるかもしれない。また尊敬してやまない恩師の名前とか、自国の大統領の名前や、人気のある映画女優の名前になることもあるだろう。いずれにしても社会に認知されている名前や、文化に関係深い名前などから選んで命名するに違いない。

こうして名前を通して次世代に続く文化の鎖が繋がることになる。アラブの場合は特にその絆が強く、その鎖が長くなるのは前に述べたとおりだ。

男子が誕生すると、まず割礼を施して祝うことになる。家庭でのイスラーム教育として幼い頃から一日五回の礼拝を見よう見まねで覚えるし、その時に唱えられるアラビア語のコーラン章句も自然に暗誦していく。

ムスリム家庭では、コーランだけ特別に両親や祖父母が意識的に教え込む例が多い。それはイスラーム諸国のどこでも同じで、アラビア語圏でない地域に住む教徒でもアラビア語のコーランに親しませる。幼児の時から外国語発音を耳に慣らせば、成長してからその言語の習得は容易となる。全世界のモスクにおいて礼拝にアラビア語原語が使用されているのも、こうした社会環境があるのである。

他国語に翻訳したコーラン章句で礼拝することは、どの国でも絶対にありえない。毎回の礼拝には、コーランの第一章である開扉章が、必ず朗誦される。日本語への意訳は下記の通りであるが、これを必ずアラビア語で暗誦しなければならないのである。

慈悲ふかく自愛あまねきアッラーの御名において、讃えあれ、アッラー、万世の主、
慈悲ふかく自愛あまねき御神、審判の日の主宰者。汝をこそ我らは崇めまつる、

汝にこそ救いを求めまつる。願わくば我らを導いて正しき道を辿らしめ給え、
汝の御怒りを蒙る人々や、踏み迷う人々の道ではなく、汝の嘉し給う人々の道を歩ましめ給え。

この章を毎日五回の礼拝で、一七回（朝二、正午四、午後四、日没三、夜四の計一七）は最低でも繰り返すのだから記憶されないはずがない。その人がムスリムかどうかは、以上の文句をアラビア語原文で暗誦できるかどうかで判別が可能である。

こうしたイスラーム環境の中で、幼い頃から礼拝が何千回、何万回と繰り返される結果、コーランの言葉が自然に沁みこんでいく。我々が生きている現世と死んでからの来世があること、人間は必ず死ぬ運命にあるが何時の日か最後の審判の日が来ること、それが唯一神アッラーの慈悲によるものだという意味が心に焼き付けられていくのである。

こうしたムスリム家庭に生を受けて、イスラームを幼児体験として強く刷り込まれ、成長したのが、生まれながらのムスリムである。

「三つ子の魂百までも」ということわざの通り、幼年期にしっかりと刻まれたコーランと日々の礼拝、一ヵ月にわたる断食など、イスラームの習慣や知識は、一生ムスリムから離れない。これらの生活を通しての体験が、新しく改宗したムスリムとの間に相当の差異をもたらすのは明らかであろう。

ムスリムとコーラン

ムスリムとして生まれた少年少女は、家族や親類、友人たちと一緒にイスラーム社会に育ち、学校でも一貫して宗教教育の授業を受ける。礼拝にいそしみ断食を行なうのは、三度の食事と同じ当然の行為で、普段の生活のひとこまに繰り込まれている。そして、日々の生活の中で何かの疑問に出会った時、解決の糸口を求めて最初に向きあうのがイスラームなのである。イスラームはありとあらゆることに答えてくれると彼らは信じている。

その本源が「コーラン」である。コーランの中にはすべてのインフォーメーション（情報）が網羅され、人間が生きる道を示すガイダンス（案内）であり、行動へのマニュアル（手引）となる、と彼らは確信しているのである。

しかし、だからといって、すべてのムスリムがコーランを完全に理解し、イスラームを完全にわかっているわけではない。もちろんイスラームの一般常識や断片的な知識はある程度知っているだろうが、イスラームを学問として体系的に修得するには、それなりの専門コースを専攻する必要がある。

イスラーム学は実に広範囲にわたり、奥深いため、特別な研鑽を積まなければ、コーランの解釈すら覚束ない。例えば、コーランを正しく理解、解釈するには、当然ながらアラビア語を習得していることが条件となり、その文法には、文章の構成を分析する語尾変化学（ナフウ　Al-Nahu）、単語の構造を説明した語形変化学（サルフ　Al-Sarf）、文の真意を確認する修辞学（バラーガ　Al-Balaghah）といった語学関連教科を学ぶことが要求される。

それからコーラン解釈学（タフシール　Al-Tafsīr）に取り組むことになるが、コーラン成立の背景について、コーラン研究学（ウルーム・ル・コラーン　Ulum al-Quraan）と共に、ハディース学（ウルーム・ル・ハディース　Ulūm al-Hadīth）と預言者伝（シーラト・ル・ナビー　Sīrat al-Nabiy）を学ぶ必要が出てくる。またコーランを朗誦するだけでも、読誦学（タジュイード　Al-Tajuīd）があるという具合に、学問の領域は多岐にわたっている。

だから、一般のムスリムはコーランの解釈を、専門に研鑽を積んだ学者の意見に求めるのが普通であり、自分だけの独断で勝手な判断は下さない。ムスリム社会では、まず学識を優先するという態度が徹底されており、特に社会にとり大問題となるような重要事項は多くの学者が集まって議論を重ねた上で結論を導き出すことになっている。

法学者の手により、人々の行動の指針としてまとめ上げられた集大成が、「シャリーア（Sharia' 道の意）」と称するイスラーム法（イスラーム律法）である。ムスリムはこのイスラーム法に則って正しい行ないをするように定められているのである。

ここまでは、「生まれながらのムスリム」の日々について述べてきた。では、そのイスラームへ自分の意志で新しく入信をしようとする人たちは、どんなことをするのだろうか。

イスラームへの入信

イスラーム法が定める入信は、全く質素で簡単なものである。要するに、二人以上のムスリム証人がいる前で、信仰宣言（カリマ Kalimah 信仰告白とも言う）を陳述するということにより、誰もがムスリムとなれるのである。

ただし、入信者の条件として、次の二項目が定められている。

①成人した男女であること。すなわち、イスラームが理解できない年頃の子供を連れてきて入信させても無効ということになる。

②正常な理解力を有する者であること。すなわち、精神に異常あるものが信仰告白を述べても有効と見なされない。

東京元麻布にあるアラブ学院のモスクや、代々木上原のジャーミアで入信式がよく行なわれている。金曜日の集合礼拝が終わった後などに、入信を希望する人がイマーム（礼拝指導者）の元へ行き、入信したい旨を告げると、通常、イマームはそこに出席している信徒を集めて直ちに入信の式をとりおこなう。

まず、なぜイスラームへ改宗する決意をしたのか、その理由をたずねる。答えは無論まちまちで、

「イスラーム諸国でムスリムと会い、その教えに感化されました」とか、「イスラームの教義がわかりやすく、これを指針としたいからです」など、動機が述べられる。

イマームは、イスラームに六信五行（後述）があることを簡単に説明してから、「私に従い、信仰宣言（カリマ）を復唱して下さい」と言い、入信希望者に、アラビア語による信仰宣言を口に出して繰り返させる。

大抵の人はとちったりして、果たしてどれだけ理解したのか心許ないが、どんな形にしろ、信仰宣言を口頭で述べた者はムスリムとして遇される。これで入信式が終了し、ニュー・ムスリムは周囲にいた信徒たちに祝福されることになる。

信仰宣言については、初心者のムスリムはその言葉の意味がよくわからなくても、将来的アッラーのお導きでいつかは理解するであろうという解釈だと考えられる。イスラームの寛容な精神である。ただ、残念ながら、寛容の精神で入信を許された者たちは、いつの間にか立ち去り、消え去るケースが多い。生まれながらのムスリムと異なる点である。

さて、「信仰宣言（カリマ）」は、「アッラーのほかに神はなく、ムハンマドはアッラーの使徒なり」という文言である。サウディアラビア国旗の緑地に、白く染め抜かれている文字がそれである。アラビア文のカリマを正確に直訳すると、以下の通りとなる（この本の表紙のアラビア語がカリマである）。

LA（ない）ILAH（神は）ILLA（以外に）ALLAH（アッラー）

WA（そして）MUHAMMAD（ムハンマドは）RASUL（使徒）ALLAH（アッラーの）

カリマの文章は、日本語としてやや聞きづらく、少し回りくどい感じではなかろうか。いっそのこと「アッラーは偉大なる神なり」の方が、はるかにわかりやすいだろう。しかし、このように持って回った表現をするのには理由がある。それは「二重否定」という形式論理学の法則に則り、文意を明確にしたからである。すなわち、「神はいないのだ、アッラー以外には」と二回打ち消すことにより、アッラー以外の神の存在をすべて否定したのである。つまり、信仰宣言の文言は、イスラームが多神を絶対に認めないことを強調しているのである。

イスラームでは、唯一神アッラー以外の神を拝することを忌み嫌い、それを最大の不信行為とみなしている。絶対唯一神の概念が完全に徹底しており、キリスト教が説く「イエスは神の子」を否定し、「イエスは預言者にすぎない」と現実的な解釈をする。

またその延長にある三位一体説も認めず、偶像崇拝をすべて廃している。その主張を拡大解釈して、絶対神を忘れさせるような行為は、すべて禁ずるのである。例えばギャンブルへの没入も悪いとしている。

信仰宣言の後半部は、ムハンマドが絶対唯一神アッラーから遣わされた使徒でありますと認めることである。この文言がキリスト教やユダヤ教とイスラームを区別することになる。イスラームはキリスト教のイエスを認め、モーゼやアブラハムなどのユダヤ教預言者を公認した上で、ムハンマドを人類最後の預言者とする。そして使徒ムハンマドが受けたコーラン啓示を受け入れ、その慣行に従うことを言明するのである。

これに対して、キリスト教はムハンマドを認めず、ユダヤ教はイエスもムハンマドも拒否する。ちなみにキリスト教徒がイスラムに改宗する時は、カリマの後に「イエスが預言者の一人です」という文句を言わせることになる。

こうしたことをすべて理解した上で、「認めました」と心構えを述べるのが信仰宣言（信仰告白）なのであり、ムスリムとなるということである。そして入信者は、預言者の行ないになるべく沿うような生活をすることが望ましいとされている。

良いムスリムと悪いムスリム

「ムスリムがイスラームを高貴にしたのではなく、イスラームがムスリムを偉大にしたのである」というムハンマド・アサドの言葉を前に紹介した。

ムスリムにとってイスラームは絶対であるが、ムスリムは人間という不完全な存在である。当然、良いムスリムもいれば悪いムスリムもいる。キリスト教徒にもユダヤ教徒にも、善人もいれば悪人もいる。宗教と宗徒は峻別して考えなければならない。

イスラームにおける善悪の判定は、すべて絶対唯一神アッラーに委ねられている。唯一神がすべてを決定するのであり、クライマックスが最後の審判の日である。すべてのムスリムは、唯一神へ直接に向き合い、自分のした行為につきアッラーの判定を仰ぐのである。

だからイスラームには、他の宗教に見られる聖職者とか、代理人は一切いない。ムスリム一人一人が神との対話を行なうことになる。

唯一神アッラーは偉大であり全知全能であるから、各個人の行ないのすべてを完全に記録しており、その良い行為と悪い行為を秤にかけて、死後の行く末、すなわち天国か地獄行きを決定する。

つまり、絶対神アッラーとは、全世界を統括する唯一のホスト・コンピューターのような存在であり、すべての個人はオンラインで直結され、毎秒、各人の善悪が記録されて、一生を通じての集計を行なった結果、善が多ければ天国へ、悪が多ければ地獄行きということになる。コーランによると各人の善悪の記録を天使が司るというから、この例で言えば、天使とは末端で作業を行なうパソコンに見立てられるかもしれない。

ムスリムが自らの行為の善悪を計る目安にするのが、神の言葉であるコーランと預言者の言行（スンナ）である。つまりコーランとスンナが、白黒を判別するマニュアル（手引）なのである。

コーランとスンナを基にして編まれたイスラーム法は、オスマン帝国をはじめとするイスラーム帝国を司る法律として、世界で最大規模の地域に広がり、時間的にも中世から近世まで一〇〇〇年間にわたり、人類最終の法としての立場で君臨し続けてきた。イスラーム法には人種問題や宗教問題の解決法がしっかりと定められていたから、歴史的に大きな問題は発生していない。イスラーム圏内では神の法をもって国家や地域間の戦争すら回避できたのである。

しかし、非イスラーム圏の勢力が強まった現代では、イスラーム法が及ぶ地域が狭くなったばかりか、イスラーム国でも新たな近代法を取り入れる国が増えてきた。とはいえ、国際法というのもあくまで人間が考えた法であり、国家エゴも当然含まれてこよう。それを判断する折に人智を超えた存在を考えることで、正しい人間社会の法を探るというのがイスラームの方法論なのである。

このようにイスラームにおいては善悪の判断まですべて唯一神に委ねられていると言うと、だからムスリムは自分の都合が悪いことはすべて「神の思し召しのままに」と言ってごまかすのだと非難する人が出てくる。しかし、もちろんそれはイスラームの問題ではなく、そのムスリムの問題である。もしそうしたムスリムがいるとすれば、それはそのムスリムがイスラームの精神から逸脱していることを意味する。ムスリムは本来、現実社会での自己責任から逃避してはいけない。現世での努力を怠れば、来世や最後の審判において良い結果を得ることができなくなるというのがイスラームの本来の教えである。

いずれにせよ、現世における行動については、人間の自由意志による選択が神より許されている。しかし、全世界いや全宇宙の秩序は全知全能の絶対神が統率しているのであり、人間の能力では推し測ることはできない。

これを示す興味深い逸話がコーランにあるので紹介しよう。人間がこの世界を支配できるという不遜な思い上がりを戒めるために、聖書やコーランには人智をはるかに超えた絶対神の秩序や配慮が存在していることを示す多くの実例が挙げられている。ただし、それらは七世紀という時代の社会背景に即した実例であり、現代の状況にはそぐわないかもしれない。どう感じるかは読者次第である。

ムーサー（モーゼ）と呼ぶ男が、神から知識を授かったヒドルという名前の智者に出会った。ムーサーはその智者にすっかり惚れ込んで、「どうぞ自分をあなたの弟子にしてください」と頼み込んだ。智者は「おまえでは、わしの弟子はつとまらない。とても辛抱できないだろう」と返答した。だがムーサーは必死にくい下がり、「あなたの知るほんの少しの知識でもいいから、教えてください」となおも懇願した。すると「よかろう。だがそれには条件がある。わしについてきてもよいが、何が起ころうとわしに決して質問するのは許さないぞ」と智者は答えた。

ムーサーは喜び勇んで智者に従い、二人は旅に出た。ある日のこと、一艘の船に乗り込むと、智者は船底を眺めまわし、おもむろに穴を穿ち始めた。驚いたムーサーは「何をなさる。みんなを溺れさせようとするのですか。いったい何事です。とんでもないことをなさる」と大声で叫んだ。智者は口を開き「ほら、言わぬことではない。辛抱できないであろう」とたしなめた。ムーサーははっと気がつき「やあ、つい失念しました。それにしても余り難しい目に会わせないように願います」と謝った。

二人が旅を続け、暫く行くと、一人の若者に出会った。智者は突如その若者に襲いかかると殺してしまった。度肝を抜かれたムーサーは「やや、なんと。罪のない若者を殺すとは。人殺しでもないのにひどいことをなさる」と悲鳴を上げた。智者は静かに「ほら、言わぬことではない。辛抱できないであろう」と言った。ムーサーは我に返り、「おお、これ以上あなたに質問したならば、もう私を道連れにしてくださらなくても結構です」と再度赦しを乞うた。

二人は更に旅を続けて、ある町へ辿り着いた。その町の人々は不親切で、旅人の二人に食べ物さえも分け与えようとしなかった。そんな仕打ちを受けたにもかかわらず、智者は町の片隅に崩れ落ちそうな壁を見つけると、丁寧に修復の作業をしてやった。それを見たムーサーは「どうして報酬を取らないのですか。ただでやってやる義理もないのに」と自分の意見を述べた。すると、智者はムーサーを見つめ「さあ、これでお別れじゃ」と宣告した。そして別れ際にそれらの出来事の意味を説き明かした。

「沈めた船については、もともと海で働く貧しい漁師の持ち船であるが、あの船が帰る先には強欲な王様が手ぐすねひいて待ち構えており、命を落とす憂き目に会うからだ。殺害した若者は、その両親が大変に信心ぶかい立派な人であるが、若者は悪党で、両親を困らせ、無理矢理に神に反逆させ、信仰を棄てさせる恐れがあったからで、両親がもっと親孝行な息子を授かるよう交換させるために殺したのだ。壁を修理したのは、あの壁に二人の孤児のために残された財宝が隠されていた。孤児の父親は善人で、さぞ心残りであったと思われるので、二人が成人になった暁には掘り出せるように手直しをしておいた。すべての出来事はわしが自分勝手に行なったことではなく、すべて神が命じたお取り計らいである」（コーラン第一八、洞窟章六五節）

イスラーム社会における善悪

すべてのムスリムは「縦の線」を通して直接に唯一神と結ばれていると共に、ムスリム同士は「横の連帯」で繋がると、イスラームは説いている。この横の連帯が「イスラーム共同体（ウンマ Ummah）」である。

初期のイスラーム共同体は、預言者がマッカを逃れてマディーナへ移住した時から形成されていく。マディーナの集落社会で、ムスリムがどのような行動をとればよいか、規範ができ上がっていったのである。その時に善悪を含めたすべての行動を判定する基準として、啓示（コーラン）と預言者の言行（スンナ）が採用された。

啓示は預言者を通じて人々へ伝達される「神と人間との直接契約」であり、預言者の生涯で二三年の長きにわたり下されたのである。この中で特にマディーナ時代の約一〇年間に啓示された部分は、イスラーム共同体が形成された時期と一致しているために多くの社会規範を含むことになった。

イスラーム学者はコーランをマッカ期とマディーナ期の二つに分けて啓示の特長を分析した。そして、マッカ期のコーランは「個人と唯一神との関係」の啓示で占められ、マディーナ期のコーランには「個人と社会との関係」に関する規範が多いとの結論となった。

こうして啓示された社会規範をまとめたのがイスラーム法（シャリーア）である。イスラーム法は、時代の経過とムスリムが居住する地域の拡大によって新しい事例が増えていくために、新たな対応を必要とした。そこで、基本とするコーランとスンナに加え、法学者たちが集まり裁定を行なう衆議（イジュマー Ijma'）と、新たな事例を推論で決める類推（キヤース Qiyās）の方式を定め、裁判事務の処理を進めることになった。

イスラーム社会における善悪の決定はこの四つの法源を基礎にして行なわれる。これはキリスト教社会と全く異なる点である。

この相違は、各々の預言者が辿った道の違いに帰せられると言われる。

イエスは年若くして処刑されたために、自らの社会規範を残すことができなかった。だからキリスト教は、最初から、社会をまとめる規範を持たなかったのである。

その代わりに、キリスト教社会は、キリスト教が伝播した地域の法律であったローマ法を用いた。同時に、彼らは教会制度を創設することで、諸々の教義や規範を定めていった。この教会決定が、イスラームで言う学者の衆議（イジュマー）に近いものである。

だからキリスト教にはイスラーム法（シャリーア）のような秩序立った律法は存在しない。そして近代以降は、近代国家の制度に適合するように定めた「国法」に従うという方針を採った。

したがって、キリスト教徒が善悪の判断を下す時に最終的に依拠するのはそれぞれの国の法律ということになり、人間の裁定のみによる基準となる。

しかし、ムスリムにとっての善悪は、国家の法律や道徳に違反したかどうかということではなく、それ以上の絶対唯一神の教えに照合して正しいか否かという、超純粋で超広義な概念に沿って決定されなければならない。これは一見、抽象的なことに思われそうだが、ここに「コーラン」と「スンナ」という具象的な存在があり、これを基本にして法が成立していくのである。

こうしてすべての物事は、イスラーム法により判断されることになるわけだが、このイスラーム法については、第七章で詳しく説明する。

第四章
ムスリムとしての私

ここまで、ムスリムの立場から一般的なムスリム像を描いてきた。しかし、日本人にとってほとんど馴染みがないムスリムの考えや信仰といった内面的なことを含めて、具体的な姿をイメージするのは難しいのではないかと思う。そこでこの章は、私自身のムスリムとしての体験を語ることにしたい。「日本人」であるムスリムが語ることにより、日本人がイスラームを理解する上で多少の手助けになるかもしれない。

日本人ムスリムの父

私の父、鈴木武夫（イスラム名ターヘル）は戦前、軍属として、ジャワ（現在のインドネシア）のバンドン飛行場で旋盤を回していた。東京目黒区で町工場を営んでいたから機械の扱いはお手のものだった。若い頃に配属された近衛隊では、赤紙一枚で来る兵隊よりも馬の方が遙かに大事にされたと洩らしていた父も、バンドンの生活はかなりウマが合ったようである。その証拠に英語の素養もなかったのに、インドネシア語会話を一応こなしていた。

その父がムスリムになったのである。どうしてムスリムとなったのか。その理由は他愛のないものだった。バンドンで景色の良い場所はイスラーム寺院（モスク）の高い塔である。それに登らせてもらうためには、コーランを覚えることだと、インドネシア人の知人に入れ知恵されたそうである。

父は「アッローホ・アクバル、ローイローホ・イッローローホ」（アッラーは偉大なり、アッラーの外に神はなし）と一生懸命に覚えたという。確かにその日本語発音の方が、いまどきアラビア語を学ぶ日本人学生の発音より、はるかにアラビア語らしく聞こえるから面白い。首尾よく塔に登れてからは、味をしめてこの文句を繰り返したという。

まあどの神様を拝んでも悪い神様はいないはずだからと、これまた生まれながらのムスリムが聞けば腰を抜かすようなことを言っていた。しかし、本人はムスリムとなったと思い込み、最後にはメッカ巡礼まで果たしたのだから、満足していたのは事実だろう。

そんな父だったから、イスラームについて私を指導することなど一度もなかった。したがって私は二代目のムスリムではあるが、名前は日本名であり、子供の頃育った環境も普通の日本人家庭であったし、前章で述べたイスラーム的環境とはほど遠いものだった。

ムスリムとしての自覚

私自身がムスリムとしての自分を自覚するようになったのは、伯父加藤常松（イスラーム名アブドルカーデル）のお陰である。伯父は、移民が盛んだった一九一七年にジャワへ渡り、マラン市で貿易商を営んで成功した。しかし、終戦で日本に引き揚げざるを得なくなり、その後、亡くなるまで再度インドネシアの土を踏むことはなかった。イスラームについて言えば、私はこの叔父の感化を一番受けている。

北区にあった伯父の家には、戦前のイスラーム文献を含むたくさんの本が書棚に並んでいた。私はそれらの本を片端から読み始めるとともに、その中に出てくる使徒のことを知るために日曜学校へも通った。

だが何より、書棚の中にある一冊の革表紙の分厚い本が、私を虜にしたのである。その本の各ページには、書かれたというよりも、むしろ描かれたと言ったほうがいいような、曲がりくねった奇妙な格好をした文字がぎっしり並んでいた。その本を引き出し、眺めながら時を過ごすのが、いつの間にか習慣となっていった。

それこそがアラビア語の原典コーランだった。その文様は神秘のベールに包まれ、私を果てしない空想の世界へ誘い込んだのである。

黒いジャワ帽子（ソンコ）を被った伯父は、金曜日になると、東京代々木の高台に建つモスクへ礼拝に通っていた。高校生になった私は、ある日伯父の供をして、そのエキゾチックな建物へ出かけた。その日初めて私はイスラームを現実のものとして実感したのである。

それからの私には、一つの役目ができた。それは伯父の言いつけで神田の古本屋街に出かけてイスラーム書籍を探し出すことであった。

日曜日になると、私は終日神田で過ごした。今では入手不可能な戦前の出版物である『青刷飛脚』『アラビア奥地行』『回教の動き』など、本屋の片隅から見つけ次第、購入した。

その頃、イスラーム書籍の中で私が最も感銘を受けたのは、井筒俊彦著『イスラーム思想史』であった。この名著は今では中公文庫に収められ入手が容易となっているが、当時は稀覯本で、私は何冊もの大学ノートにメモをとりながら丹念に読んだ。

同じ頃、インドネシア大使館が公開した語学講座にも通い始めた。高校生は私だけだった。代々木上原のモスクでも最年少で他に高校生はいなかった。ここでは、当時ラジオのアナウンサーで活躍していたロイ・ジェームスの父親が、モスクのムアッジン（礼拝呼び出し役）をしており、暫くの間、早朝礼拝を一緒にしたこともある。モスクの扉の鍵穴に古びた長い鍵を差し込んで開けるのが私の仕事であった。

断食月（ラマダーン月）の行を始めたのもその頃である。太陽が既に昇った時に、慌てて起きても後の祭りで、「今日はもうご飯が食べられないよ」と祖母に言うと、「それじゃしょうがない。暗ければいいんだろう。押入れの中でご飯を食べなさい」と真顔で言われたことを、今でも昨日のように思い出す。

イスラーム世界へのあこがれ

そのころ、モスクで出会う外国人の友達と互いの住所を交換する時に、ふと気づいたことがあった。当たり前と言えばそれまでだが、住所の表示法が日本と外国では全く逆になっている。日本人が住所を書く時には、東京都○○区○○町○○丁目○○番地と来て、日本国など書く人はいないのに、外国の住所では、まず○○番地○○街○○市○○州○○国と来て必ず国名を記すのである。さらに思考を発展させれば、その先はアジア、東洋、地球、太陽系惑星、銀河系宇宙、大宇宙とどこまでも果てしなく広がって行く。私はそのことが非常に新鮮に感じられた。

つまり、日本式の住所表示は大区分から小区分へ向かうので、住所が捉えやすい便利さはあるが、日本だけしか見えないという袋小路で終わることに気づいたのである。外国式表示に触発されて、私は逆方向の発想に取り付かれて、天文学に興味を持ちはじめ、宇宙探求に胸を躍らすようになっていった。そして、星座の名前はギリシャ語だが、夜空に輝く一等星、二等星など個々の星の名前が、実はアラビア語であると知り、異なる視点からもイスラームとの繋がりを見出した。

こうして宇宙起源論などを読みながら、私は底知れぬ謎の世界にのめりこんでいった。そして、イスラームの根元思想が「大宇宙を創造して統治する、唯一絶対者である」と知るのは、留学してからのことであった。

世界へ飛び出したいという決意が私の胸中に固まっていった。そんな私にインドネシアのムスリムたちが勉強に行くのはエジプトであることを教えてくれ、カイロのアズハル大学留学が決定した時にスーツケースなどの準備を整えてくれたのも伯父であった。

伯父はジャワ島のマランでひとかどの商店を構え、成功した一人となったのだが、その陰にアラブ商人の存在があったという。文無しの自分を認めてくれ、無利子で金を貸してくれたアラブ人がいなければ、今日の自分はなかったと述懐していた。そんな経験があったからこそ、アラブの地へ私を送り出すのを積極的に応援してくれたのだろう。

本場のイスラーム世界で

昭和三七年（一九六二年）三月、私は親しい友人たちの見送りを受けて、羽田空港からスイス航空でエジプトへ飛び立った。その時は考えもしなかったが、結局これがその後の長期にわたる中東生活の出発点となってしまった。

到着したカイロ空港は旧式の建物であり、この二年後に民族主義の英雄であったナセル大統領の時代を象徴する大理石造りの近代空港に衣更えしている。

当時のカイロ市は、人口三〇〇万の、アフリカで最も発達した都市であり、ナイル川沿いの舗道に設けられた花壇に咲き誇る原色の美しい花々が印象的だった。

我々が住むことになった外国人留学生町（マディーナト・ル・バウース）はカイロの東端にあった。広い道路を隔てた東側には歴史的な建造物も多い広大な墓地の町が広がり、遙か「ムカッタムの丘」へ続いていた。

塀に囲まれた敷地は二分されており、広い方は四階建ての同じ形式の建物が三〇棟ほど建ち並び、モスクや生協、洗濯屋、床屋、喫茶店なども揃っていた。狭い方の敷地にも同型の建物があり、アフリカ系の学生が多かったことから、当時のコンゴ動乱に関連づけてカタンガ町と呼んでいた。

三度の食事は一階にある食堂で提供されたが、無論、断食月の日中は休業である。全体で五〇〇〇人ほどの外国人留学生が、それこそ世界各国から集まっており、エジプト政府宗教省（ワカフ）が管轄していたが、エジプト人学生はいなかった。

私が起居した棟には、スーダン、ガーナ、インドネシア、マレーシア、フィリピン、イエメンなどの学生がおり、マレー語が通じるアジア系学生とすぐ仲良しになった。後にインドネシア大統領となったアブドルラハマン・ワヒドや、フィリピンのイスラーム指導者サラマト・ハーシムをはじめ、多くの学生がこの留学生町から巣立ったのである。またこの町を訪問してくれた日本人に、当時早稲田を卒業して世界漫遊旅行をしていた小渕恵三元首相もいた。

隣室はスーダンから来たアラビア語学専攻のマッキー・ナスル君で、その頃から新聞への執筆者として仲間内では知られていた。当初の環境に影響されて、私のアラビア語はまず発音が柔らかなスーダン方言に染まった。

カイロでの毎日を送れば送るほど、イスラームという宗教を膚で感じてくる。この町では、普段着のままのイスラームがごく自然に日々の生活に溶け込んでいた。

朝の目覚めは、拡声器から響き渡る礼拝呼び出し（アザーン）の声であり、また時には、窓の下を通過する荷車を引くロバの凄まじいいななきであった。一見、愛くるしい小柄のロバも、一度いななくと世の中で最も醜悪な声を立てるのである。アザーンが精神生活の象徴なら、ロバの声はエジプトの現実世界の象徴だった。

住んでみたエジプトは、いくつかの顔を持っていた。ピラミッドやスフィンクス、ファラオに代表される古代エジプトという顔、クレオパトラで知られるグレコローマン（ギリシャ・ローマ）時代のエジプトの顔、そして今日に至るアラブの顔である。

アラブの顔であるカイロ市は、九七二年にファーティマ朝により新設された首都である。その時に建設された礼拝モスクに併設されたイスラーム大学こそ、わが「アズハル（Azhar）」であり、世界最古の大学とされる。預言者ムハンマドの娘、「花（ザハラー）のファーティマ」の名前から命名されたアズハル大学は、イタリアの「ヴァチカン」に匹敵するイスラームの最高学府として、二万人余りの学生を擁し、多くの外国人留学生を受け入れていた。

当時のアズハル大学学長は希代の逸材として誉れの高かったシェイク・シャルトウトであり、我々は日本人留学生として拝謁する機会を与えられた。シェイクはかなりの高齢で耳が少し不自由になられていたが、力強い声で次のような助言を下さった。

「イスラームを知るには、まずアラビア語を学ぶことである。アラビア語を習得すれば、おのずからイスラームを理解できるようになる」

昔のアズハル大学の授業は、一〇〇〇年近い歴史を刻む広いアズハル・モスク内で、柱を背に立つ教授を車座に囲んだ生徒たちが自由にそれぞれの科目を受講していたとされる。しかし、そうした一般部受講と呼ばれた形式は既になくなっており、授業は建物に教壇と机、椅子を置いたごく普通のかたちになっていた。

カタンガ学生町にはアラビア語初級者クラスが開講されており、同級生には八歳ほどの「ダッコチャン」そっくりの可愛い黒人の子供たちがいた。通常、アジアからの留学生の大多数はアズハル・モスクに近い初級語学講座へ行き、その後は語学試験を受けて、能力に応じて中等部（四年制）や高等部（五年制）へと入学し、神学・法学・語学の専科大学部（四年制）へと進級することになっていた。

私は初級クラスに在籍し、暫くして友人が通うアズハル中等部の聴講生となった。学生町で見慣れた顔が多かったが、驚いたのはみんな教室で新聞を広げて読んでいたことである。あれくらいアラビア語ができれば日本に帰れるのになあ、と私は思わず溜め息をついた。言語を習得するのと学問を修得することが異なる次元であると理解したのは、その後イスラーム学の広さと深さを知ってからである。その時はなによりアラビア語が上達したかった。

カイロ大学の宗教学部（ダール・ウルーム）へも聴講に出掛け、著名な詩人であるアリー・ジュンディー教授の名講義も受けた。その頃、最も記憶に残るのが、ヘリオポリスに自宅があった文豪で大百科学者ムハンマド・アッバース・アッカードに会ったことである。

文豪は小学校を卒業しただけで、ほとんど独学により万巻の書を読了した後に多くの名著を著し、その知識の豊富さは並ぶ者なしと称されていた。文学者としては、盲目の文学博士ターハー・フセインや、劇作家のタウフィーク・ハキーム、後にノーベル文学賞を得たナジーブ・マハフウズなどがいるが、彼こそイスラーム教養の広大で深遠な学問を総合的に修めた最後の百科学的な大学者であった。

ある日私は、友人の文学青年マッキーに連れられて、小庭に緑の木が茂る文豪の書斎を訪ねた。晩年の大学者は、毎金曜日午後に自宅を開放して、文学好きの若者たちと語るのを楽しみにされていた。私と握手する時にソファーから立たれたので恐縮したが、背が高くて、その手は大きく暖かかった。

「お目にかかれて、大変光栄です」と事前に一生懸命覚えた文句で挨拶すると、「君はアラビア語が話せるね」とおっしゃった。

大学者に私のアラビア語が褒められたというので、「これは大きなジョークだ」と、その後暫くの間友人連中にからかわれたものである
後年、この大学者が逝去された時は国葬となり、カイロのタハリール広場のモスクで葬儀がとりおこなわれた。目抜き通りのフォアード・ストリートは通行止めとなり、棺を先頭に悲しみの長い葬列が続いた。私は普段は混雑した車で歩行などはできない通りを、葬列の後ろについて歩いた。空の色が鮮やかであったのを今でも思い出す。

モスク逍遥

カイロの別名として、「一〇〇〇のミナレット（光塔）がある街」という呼び方がある。ミナレットとは元来モスクに付属して立つ高い塔であり、アザーン（礼拝呼び出し）を行なう者が登るために建てられたという。最近では頂上部に拡声器を取り付けてアザーンを行なっているが、美しい幾何模様を凝らした塔の形は、その時代によって変遷し、地域によりかなり異なる。

カイロには数多くのモスクが存在している。ほとんどのモスクにその時代の支配者の名前を冠しているので、どれも歴史と密接に繋がっている。私はエジプト政府の遺跡文化庁が編纂した一覧表と地図を入手して、一つずつモスクを訪ねるのを当面の目標とした。

カイロで最も古いモスクは、オールド・カイロに近いフスタートの廃虚に隣接したアムル・ビン・エルアス・モスクである。現在オールド・カイロと呼ばれる地域はコプト教徒（キリスト東方教会派）の居住地であるが、六四〇年にエジプトを征服したイスラーム軍勢が外側に建設した軍営天幕（フスタート）がアラブ町となり、現在のカイロに遷都されるまで政務の中心となっていた。このフスタートは、ペルシャ陶器の権威、三上次男東大教授が中国の陶磁器を発掘調査された場所でもある。

策士アムルが建設したモスクは、今は古びて周囲の壁もはげ落ちており、周囲には素焼きの壺を焼く職人たちの住居が多かった。モスク中庭はもう礼拝所として使われていない様子だったが、その昔はナツメヤシの柱が立ち、その葉で覆った屋根が葺かれていたと文献に残っている。

私が一番好きなモスクは、八七九年に建造されたイブン・トゥルーン・モスクだった。九〇メートル四方の広い中庭をアーチ型の回廊が取り巻くイスラーム初期の形式を留めるモスクで、中央部に水場のドーム型建物がある。

このモスクのミナレットは、イラクのサッマラーに残る有名な螺旋状光塔と同じ形をしている。これはイブン・トゥルーン自身がイラクのアッバース朝から任命されたトルコ系総督であり、イラクの建築様式を採用したからである。現在は国の遺跡指定を受けており、礼拝に使用していないため人気も少なく、町中の喧噪をよそに静かなたたずまいを保っている。

かつてカイロの中心はアズハル・モスクであった。モスクは礼拝場だけではなく学校（マドラサ）としての機能を持っており、学問の殿堂として発展した典型例がアズハルなのである。

アズハル・モスクには日々、多くの市民が五回の礼拝に集う。エジプト大統領も重要な祝祭日にはここで礼拝を行なっている。モスクを囲む回廊は、入り口に近い一部がアズハル事務所として使用されていたが、残りは当時まだ留学生宿舎となっており、トルコ人学生が大勢起居していた。私はその歴史ある寄宿寮へよく友人のトルコ学生を訪ねた。石造りの階段は擦り減り、相当の年代ものであるのが一目瞭然であった。

この地域は今なお人口密集地であり、モスクと道路を隔てた旧区画が、ハンハリーリー・バザールで観光客の名所となっている。アズハルがイスラーム学の最高峰であり、政府公式モスクとすれば、バザールに隣接したサイダナ・フセイン・モスクは庶民に人気があり、農民や女性が多く訪れ、東京でいえば浅草の雰囲気に近い。現在見る建築はトルコ形式で新しく再建されたものだが、イラクのケルベラーで殉教した預言者の孫フセインの遺体部分を葬ったという廟がある。

更にその北方の旧カイロ城壁フトウフ門に隣接して、ハキーム・モスクが建っている。このモスクは世界最初の病院を開設したことで知られる。ミナレットは美しい装飾模様で飾られた丸型の特異な形式で、沢山のコウモリが棲みついていたが、今でもいるのだろうか。

その北門から南門のズワイラ門を結ぶ石畳の古い通りが「バイナ・カスリーン（二城間通り）」と呼ばれ、ノーベル賞作家マハフウズの代表作のタイトルでもある。

私は毎日、バオウス（学生町）からアズハル通りを経て、その格子窓が多い旧道の人込みを抜け、マスル・スーダン通りからイスラーム博物館とダール・クトブ（国立図書館）の傍らを通って、バラモニ地区にあったアズハル高等部校舎へ通っていた。行きはたいてい学生町から出るバスに乗るが、帰りはよく歩いたものだ。

カイロ南東の丘にどっしり構える城塞（シタデル。アラビア語でカラア）は、十字軍を打ち破った英雄サラディン（サラーフディーン・アユーブ。在位一一六九—九三年）が築き、その後オスマン朝が、イスタンブールのスレイマン・モスクと同型式のムハンマド・アリー・モスクを建立した。

その丘のすぐ下にある堅固なモスクが、スルタン・ハサン・モスクである。モスクの外壁にはエジプトに進軍したナポレオン軍が打ち込んだ砲丸の痕跡が今なお残っている。このモスクは、かつてアズハルのようにマドラサとしてイスラーム法学などを教え、方形の中庭を囲む四面がスンニー四派それぞれの学生宿舎となっていたという。東側の丘に面したドーム屋根の広い部屋中央にスルタン・ハサンの立派な墓が安置されている。

このモスクと並んで、形も規模もシンメトリーに建造されたゴーリー・モスクの中に、イランのシャー王家の代々の墓廟があり、パーレビ国王も最後はここに眠っている。

ちなみに、礼拝を行なうモスクは清浄な場所に建設することとイスラーム法に規定されており、屠場、ゴミ捨て場などは避けなければならないし、原則的に墓もあってはならないとされている。唯一の例外が、預言者ムハンマドが眠るマディーナの預言者モスクである。

信徒の間に、預言者の傍らにいつまでもいたいという思いが強かった余り、その遺体は預言者の居室そのものに葬られた。その部屋はモスクに隣接しており、その後モスクの建物の一部に吸収されたという歴史の経過をたどる。

イスラーム世界を制覇したトルコ系カリフが墓廟とモスクを一緒にしたのは、それに倣ったからだとも考えられる。だがイスラーム法に厳格なワハビー宗派などはこれを嫌い、アラビアではそれら墓廟をすべて打ち壊した。

カイロにはその他に、ムカッタム丘の中腹に建つ法学の祖イマーム・シャアフィーのモスク、ジュユーシー・モスク、マムルーク朝時代のバイバルス・モスクやカイタベイ・モスクなど数え切れないほどのモスクがあり、それらを訪れ昔の栄華を偲ぶのは私の最大の楽しみであった。

エジプトを皮切りに始めた私のモスク逍遥は、その後イスラーム諸国に行くたびに名だたるモスクを必ず訪ねる習わしとなった。

シリアでは、ダマスカスに王朝の首都を定めイスラーム史に足跡を残すウマイヤ・モスク、ハマ市にある勇将ハーリド・イブン・ワリード・モスク。チュニジアのカイラワーンにある角型ミナレットを持つカイラワーン・モスク。またスペイン、グラナダの有名なアルハンブラ宮殿（正確には、アルハムラー＝赤い宮殿）。イラクのケルベラーにある黄金のドームが輝くゴールデン・モスク。イランの華麗なタイルに彩られたモスク等……。

イエメンのズベイダにある預言者の在世に建てられたという最古のモスクの一つは、礼拝所が現在の地面から三メートルほど下った位置にあり、当時の地層との差が歴然としていた。

モスク訪問の際は、モスクに対する挨拶儀礼として、二節（ラカア　Rakaʻ）の礼拝を捧げることが決まっている。何といってもモスクは礼拝所なのである。

三つのモスク

イスラーム諸国で数多くのモスクを訪ねた。その中で最も印象的だったのは、次の三つである。
①イスラーム至高の聖地とされるマッカの聖モスク（カバー写真参照）

②マディーナの預言者モスク
③エルサレムのアクサー・モスク

預言者ムハンマド生誕の地マッカは、今なお異教徒の立ち入りが禁断とされる聖域である。ヒジャーズ連山の山間に発展した立体的な町であるマッカの谷底に位置する聖モスク（マスジド・ル・ハラーム）はすべての聖跡を敷地内に併合して、この半世紀にわたり拡張に次ぐ拡張がなされてきた。これは、他のいかなるモスクと異なり、世界中から集まる巡礼者を受け入れるという特別な性格を有するからである。近年、交通機関の発達で巡礼者の数が急激に増加したため、今では一〇〇万人余の信徒が同時に礼拝できる規模となっている。

全世界の信徒が祈りの的として仰ぐカアバ神殿を中心に、総大理石造りで装飾をこらした見事な建造物の多くに現在では給水場が完備し、階段の代わりにエスカレーターが随所に設置されている。六〇年代に私が初めて訪れた頃はこんなに近代的になってはいなかった。その頃はまだ広い中庭に小砂利を敷き詰めた場所が残っていたが、今はそのすべてが大理石敷きとなり、沢山いた鳩の群れも姿を消した。

カアバ神殿は立方型の石造建物で、黄金の刺繡糸を縫い取りした黒い絹布がそれを覆っている。神殿扉は黄金で彫刻され、その内部への立ち入りは年に何回か、特別な政府賓客にしか許されない。私は幸運にもその機会を得た一人であるが、おそらく日本人では他に神殿内へ足を踏み入れた者はいないと思う。

巡礼時以外でも聖モスクを詣でる人々は世界各地からひきを切らないので、マッカは常に活況を呈している。神殿を巡る行事（タワーフ）の人波が途絶えることは全くない。それは未来永劫に続いていくであろう。

預言者が五〇歳になってから移住してイスラーム共同体を建設したマディーナの町は、マッカから四〇〇キロ北西に位置する。かつて預言者の住居に隣接して建てられた預言者モスクは、これまた歴史の移り変わりと共に壮大な規模に拡張された。初期の簡素な建物の形状が、その後世界各地で建設されるモスクの原型となったが、今はその面影が全く一変している。

無論、預言者モスクの象徴として知られる緑のドームは、壮大な預言者モスクの一角に厳然とあり、その下に預言者の聖廟が存在する。既に七〇年代でも充分大きな敷地とはなっていたが、二一世紀初頭のモスクは、白い見事な大理石で仕上げられた優雅で壮麗な建築であり、中庭形式であった空間はすべて屋根で覆われ、床はすべて絨毯敷きとなっている。しかもその屋根の一部は空調のために電動式で開閉するようになっており、三〇トンもの重量がある丸屋根が音もなく移動する。紅海岸から離れ、砂漠の輻射熱が強いマディーナでは、確かにモスクの覆いが必要であろう。

また谷間のマッカと違い、平坦な砂漠地であるマディーナでは、四方に向かってアザーン（礼拝呼び出し）を告げるために取り付けられた拡声器の数が六〇〇〇個に上る。この拡声装置はドイツ製で特注されたものであった。

こうして、現在の預言者モスクは、五〇万人が一斉に礼拝が可能で、電力、給水、空調、音響などの最新装置を地下に完備した壮大かつ超近代的なモスクとなっている。

半世紀前と変わらない部分はマッカ方向（キブラ）の聖廟に近いあたりで、オスマン・トルコのカリフが建造した紅色の花模様タイル壁が往時をしのばせる。また聖廟の周囲を巡る人々が流す感動の涙は、昔も今も同じであった。


エルサレム城郭にひときわ高く金色に輝く丸い建造物が、「岩のドーム」である。この場所こそがコーラン第一七章の啓示にあるように、預言者ムハンマドがマッカで送った最後の年ラジャブ月の夜、天馬に乗りエレサレムへ至り、そこから七層の天に昇った（ミアラージュ）とされる場所である。

このドームはウマイヤ朝のカリフ・アブドルマーリク（在位六八五―七〇五年）が建立したが、同じ敷地のマッカ方向に地味な感じのアクサー・モスクがあり、預言者が昇天前に礼拝を捧げたモスクと言われる。

このモスクの東側の真下が、ユダヤ教徒が集う「嘆きの壁」である。現在、壁の真上にあるこぢんまりした建物は、アクサー・モスクで金曜礼拝時にユダヤ狂信者の銃乱射で犠牲になったムスリムたちの遺品を納めたメモリアル・ホールとなっている。

またここから程近い所に、イエス・キリストが処刑された丘、復活した墳墓などが大教会の中に収められている。

こうしてエルサレムの狭い旧城壁の中に、世界の三大宗教の聖跡が集中している。そこでは各宗教に定められた形式の異なった礼拝がそれぞれに展開されているわけだが、同時に、同じ唯一神を異なった作法で崇める者たちが聖都に連なる土地と領域を巡り、血と血で争う諍《いさか》いを日々繰り広げているのである。

こうした多くの、様々なモスクを歴訪するうちに、私にムスリムとしての自覚が養われていったことは確かであったろう。

ムスリム同士のつきあい

中東に長く生活すればアラブ人の友人が増えるのは当然であるが、イスラームを通じた友好の連鎖は国際的であり、小さな国連とも言えるものであった。カイロの学生町自体が人種の坩堝であり、最初からインドネシア、マレーシア、フィリピンの友達ができ、次いで、スーダン、トルコ、ユーゴスラビアなどの学生と仲良くなった。アズハルでのクラスメートには、パレスチナ、シリア、エレトリア（当時はエチオピア領）人が比較的多かった。

こうしたムスリム同士のつきあいは、特に七〇年前半、サウディアラビアの港町ジェッダに四年間在住した時に加速した。ジェッダは聖地マッカへ入る玄関口であり、年中たくさんの訪問客がある。

私は日本大使館に勤務しながら、当時の旧空港に近いシャラフィーヤの一角に六室あるマンションを賃借していたが、常に何人かの宿泊客がいた。

我が家はほとんど民宿と化しており、七四年に帰国するまでに何十ヵ国という国籍の友人たちが寝泊まりしていった。ことに巡礼シーズンになると、家中足の踏み場もないくらいに混雑した。そうした中には後に各国の大臣や知事、国会議員になった人たちもいるし、祖国のために命を捧げた人もいた。

六〇年代から七〇年にかけての世界は、アジア、アフリカ地域の民族運動が熱く燃えており、植民地からの解放や新国家の樹立という潮流が力強くうねっていた。一九六八年には留学生たちが、エチオピアからエリトリアを、フィリピンからミンダナオを、という分離独立運動の旗揚げ集会をカイロで行なっている。その後四半世紀を経て、前者は成功、後者は不首尾という結果が出ているが、私はそれらの活動を垣間見てきている。特にフィリピン南部ムスリムの動きについては、図らずも歴史の証人と言えるような立場にあったと思う。

フィリピンのミンダナオ島は、マレー系民族が住むイスラーム諸侯国として、一六世紀まで平和な時代を過ごしてきた。しかし、マジェラン来航の後にスペインがマニラを占領すると、宿敵ムスリムの討伐を始め、結果的にその戦争の歴史が勇敢で逞しいモロ族を育てることになる。彼らはスルー王国を中心として、二〇世紀に至るまで植民地勢力に屈せず、民族の尊厳を守ってきた。

しかし、文化的には完全にマレー側に属しながら、結局、ミンダナオ島とその南部の諸島は政治区分としてはキリスト教徒支配のフィリピンに組み込まれた。そして、森林資源の伐採、バナナ、パイナップル大規模農園の開発などのため、北部ルソンからキリスト教徒の移民が徐々に浸透してきた。その際、過疎のムスリム住民の土地を含めて、すべてをいったんフィリピン国有地とした上で、キリスト教徒移民たちへ分配するというやり方が採られたので、六〇年代後半にはムスリムの住む土地は大幅に減少した。

また、ミンダナオ開発という政府の口車に乗せられたコタバト州のピンダトン議員など一部ムスリム指導者にも責任はあるが、土地問題をめぐる争いがミンダナオ各地で発生し、マルコス大統領の時代にピークを迎える。

七〇年初頭、ミンダナオ独立運動の気運が高まった状況は、私のいたカイロ、ジェッダへも伝わってきた。七二年九月にマルコスが戒厳令を発布すると、活動分子は一斉に地下へ潜り、イスラームの同志を頼って東南アジアから中東の地まで拠点を移して行った。

中東における「モロ民族解放戦線（ＭＮＬＦ）」の結成はジェッダであった。発議したのはラナオ出身のロクマン議員だった。まだ無名のミスアリは旅行鞄と一緒に我が家へ転がり込んで来ており、サリロン、バーキー、ムスタラハ、ハーシム、カーギムという中東組が主導権を握る会議だった。

会議を終えて不用となった議事録の紙片を誰かがポリバケツの中で焼いたため、大きな穴を明けてしまった。これは歴史に残るポリバケツであると皆で笑い合ったものだ。後に主流派と分裂したサラマトもジェッダに来たが、旅券の職業欄には床屋と記入してあった。

その後ＭＮＬＦの活動拠点はリビアのトリポリに移っていくが、初期のＭＮＬＦをよく支援してくれたのはマレーシアであった。そして七三年、世界石油危機を契機にアラブ世界へオイルダラーが流入すると、アラブ各国の援助が積極的となり、イスラーム圏の各国を巻き込む政治の舞台が活動の主流となった。

ＭＮＬＦの議長にはミスアリが就任し、七六年にはイメルダ大統領夫人がリビアまで乗り込んで、カダフィー政権の仲介でＭＮＬＦと「トリポリ協定」を締結した。

この協定に反対したのがコタバト出身のサラマトで、七七年に分派したが、後に「モロ・イスラム解放戦線（ＭＩＬＦ）」という新たな戦線を作った。スルー島出身者を主体としたＭＮＬＦの立場は生ぬるく、ミンダナオ本島の問題の方が遥かに深刻であり、容易な協定では妥協できない、というのが分裂の理由であった。

こうした中で八六年二月にマルコス政権が崩壊してアキノ政権となり、八九年に和平交渉の機会が巡ってきたが、長く現地を離れている指導部にはその転換期が読み切れず、交渉はラモス政権に持ち越された。

九〇年代となり東西冷戦構造が崩壊すると、分離独立、反政府主義の熱は過去のものとなり、ＭＮＬＦも次第に方向転換の必要性を模索するようになっていった。ラモス大統領は参謀総長を務めた生え抜きの軍人であり、かつ有能な政治家で、ミスアリ議長との交渉ではその手腕をいかんなく発揮した。九六年九月、両者間の和平合意が結ばれ、ミスアリは晴れて凱旋のような帰国をし、ミンダナオ・ムスリム自治州知事として祭り上げられた。

しかし帰国後のミスアリは結局、知事職の任務を全うせず、初志の独立精神はおろか自治州の意味をも忘れ果て、ムスリム同胞の期待を完全に裏切ったのである。ラモス政権がＭＮＬＦを解体させたやり口の方が遙かに上手《うわて》で、ミンダナオ独立自治の旗印は消滅した。

ミスワリは議長職も知事職も失い、二〇〇二年一月、マニラの軍事刑務所に収監された。四半世紀を費やした民族運動の末路である。

第五章

イスラームの常識❶

ここからはイスラームの中身について説明していこう。イスラームの教えとは何か、それはどうしてできたのか、ムスリムは何を崇め、何を信じ、何をするのか、ということである。

イスラームの体系は広大で深く、これを極めるのは専門のイスラーム学者でも多大なエネルギーを必要とする。ここでは、非ムスリムの読者を想定して、ごく基本的なこと——いわばムスリムにとっての常識といったことを披露したい。ただ、日本人には馴染みの薄い概念なので、大切なことについては説明が多少くどくなったり重複したりすることをお許しいただきたい。

ムスリムは何を崇めるのか

私が子供の頃、流行り言葉として「アーメン、ソーメン、冷やソーメン」というのがあり、その語呂のよさが今でも記憶に残っている。当時、「アーメン」の意味は不明だったが、なんとなくキリスト教を象徴するものだと理解していた。

ところが、イスラーム寺院（モスク）でも、礼拝指導者（イマーム）が美しい音調でコーラン開扉章を唱え終わると、礼拝に参加する全員が一斉に「アーミーン」と唱和するのである。実はこれが、「アーメン＝かくあらせたまえ」のアラビア語読みなのであり、原語のヘブライ語と同じ言葉なのである。

このような関連性から想像がつくように、キリスト教、ユダヤ教、イスラーム教は、根元を同じにする宗教であり、いずれもが中東世界という文化圏で生まれ、セム言語を基盤に育った兄弟宗教なのである。このことを日本人の多くが案外知らない。

イスラーム理解の第一歩は、「ユダヤ教、キリスト教に続いて誕生した、最も若い宗教がイスラームである」という世界の常識から始まる。

ユダヤ教は紀元前の遙か昔に生まれた最も古い教えで、ヘブライ語で書かれた旧約聖書を持つ。ユダヤ教はユダヤ民族のための宗教であった。

ユダヤ人に生まれたイエス・キリストが十字架上で全人類のために死んだとして、ユダヤ教から分派独立して世界宗教に発展したのがキリスト教である。キリスト教はアラム語で記した新約聖書を持ち、西暦紀元元年の時代から始まった。

そして、最後に、七世紀にアラビアのマッカで誕生した預言者ムハンマドが、コーラン啓示を受けたことによりイスラームが確立され、人種を越えた世界宗教として広がった。

この三宗教を区別する大きな相違点は、それらの経典を伝えた「預言者」の認め方にある。

預言者とは神についての情報を人間に伝える人たちである。詳しくは後述するが、ユダヤ教は、アブラハム、モーゼなどのヘブライ預言者しか認めず、その後に続いたイエスやムハンマドを否定する。

これに対してキリスト教は、旧約聖書の預言者すべてを受け入れた上で、「イエスは神の子である」と特別扱いをし、ムハンマドを預言者とは認めない。最後に生まれたイスラームは、それ以前の預言者たちすべてを認めた上で、「預言者ムハンマドが最高にして最終の預言者であり、その後人類にはもう預言者は現れない」と宣言している。

こうして預言者の認定は異にするが、三宗教ともに崇拝する対象は全く同じであり、天地を創造した絶対唯一の超越者という「絶対存在」である。ユダヤ教、キリスト教ではその絶対者を「ヤフウェ（エホバ YHWA）」と呼び、イスラームでは「アッラー」と称している。その崇める対象は、基本的な概念において全く同一であり、呼び名が異なるだけである。この事実を踏まえた上で、ムスリムが崇める対象を認識しなければならない。

さて、日本では、毎年の元旦になると初詣での人たちが神社仏閣にお参りして大賑わいとなる。多くの人はそこで今年も一年間家族が無事でありますようにと祈るわけだが、考えてみると、いったい何に向かって祈っているのだろうか。拝んでいる対象は各人によって違うだけでなく、はなはだ漠然としており、明確でないというのが事実ではなかろうか。

日本人は昔から、切羽つまった時には「ああ、神様！　仏様！」と必死にお助けを乞うと相場が決まっている。おまけに神様と仏様と両方一遍に、二股かけてお願いするという欲張りなやり方である。しかも、願いごとが叶わないと「神も仏もないのか」と大いに怨んで愚痴をこぼす。最初に頼みごとをする際は、神様と「様つき」だったのに、役に立たないとわかれば、様も省いて呼び捨てにするという、手のひらを返したような仕打ちである。こんな現金な人間（日本人）に対して、神仏は呆れているに違いない。

確かに、日本には神代の昔から、風の神、火の神、かまどの神など、沢山の神様がいらっしゃる。

現在でも各家庭に「山の神」が鎮座しているし、野球の神様、ゴルフの神様などがおり、我々自身も「お客様は神様だ」と祭り上げられてしまった。日本における神様の大量生産は、いくら物作りが得意な工業国だからといって、これでいいのかと不安に感じる。

これだけ神様が氾濫する国では、「絶対唯一神」と言われても、その概念を理解するのは難しいだろう。所詮は、エホバの神、アッラーの神、そして「絶対唯一」の神、という神様の分類に入れられてしまうのがおちである。

実はこうした多神崇拝をまず徹底的に否定したのが、上記の三宗教なのである。歴代の預言者たちが声を高くして説いたのが、こうした多神崇拝の糾弾であり、それは神への冒瀆で大罪であると強調したのである。

モーゼは黄金の雌牛を拝む民衆に激怒した。預言者ムハンマドも聖地マッカへ勝利の帰還を果たした時、カアバ神殿に並んでいた三六〇体の偶像をすべて取り壊している。中東で生まれた預言者の任務を検証すると、それは偶像崇拝との戦いでもある。だから、日本の歴史に預言者が出現しなかったということも興味がある事実であり、宗教観の違いを知る手掛かりとなるかもしれない。

中東における神に対する概念と日本の神仏の概念は何が違うのか？　まず大きさ、スケールの面が全く違うのである。中東の唯一神は、大宇宙を遙かに凌駕した偉大な創造者であり、巨大という表現を超越した存在なのである。それに比べて日本の神様は、「天」という単語に近いものが最大であるような極めて矮小な範疇のものではないだろうか。ムスリムが崇める「アッラー」が、日本語の「神様」とイコール記号で結ばれないことは明らかであろう。こうした認識を確かめるためにも、偶像についてムスリムの考え方を見てみよう。

イスラームでは特に偶像を嫌うが、それは、人間が手を加え造り上げた物体はあくまでモノにすぎず、神ではないという事実に基づいている。地球上にある万物の創造を眺める時、その素晴らしさにただ圧倒される。地球を分ける大陸と海洋、山地を縫う河川の流れ、人間の実存から、野山に咲く可憐な花一輪まで、見事な創造が展開している。これらすべてを造ることなど、矮小な人類ができるはずがない。人間をはじめとする万物、森羅万象の大宇宙を創造したのは、人智の及ばない不可知で姿や形を超越した遙かなる絶対存在である、として創造者「アッラー」という名称を奉じたのがイスラームの神なのである。

現代風に言うならば、「アッラー」は大宇宙の創造者であり、銀河宇宙から太陽系まで無数の星々を創り上げて、秩序をもたらし、小さな地球上に生命を与え、人間を生んだのである。宇宙にある万物の規則正しい秩序や構成。その素晴らしさにはただ驚くだけだ。その素晴らしさこそが「何者かの存在を意識させる」のであり、この偉大な存在概念を言語に置き換えて「絶対唯一神アッラー」という名前で表したのである。

その偉大な存在を具象で表すことなど不可能であり、ましてや小さな像で形象しようなどもってのほかである。ということで偶像崇拝が禁じられたのである。

科学の進歩により人類の知識が増したといえ、それはごく小さなものであり、未知の領域は無限の広がりを有している。万物の創造者は、時空を超えた永遠の絶対者であり、不可視で不可知の窺い知れない存在であると考えるのが正しいであろう。こうした絶対的な存在である偉大なる神「アッラー」を賛美することを被創造物である人間は忘れてはならない、とイスラームは教えるのである。

歴史を見ると、アラビアで絶対神の啓示が下りた七世紀は、日本に仏教が伝来した時代にあたる。端麗な仏像や立派な堂舎が紹介されたために、難解な仏教経典の理解はあとまわしにされて、日本人は巨大な奈良の大仏や美しい相貌を持つ彫像作りに熱中することになる。また、新参の仏教に対抗して、古来神道も負けじとばかりに神殿を建立し御神体を祭るなどして具象の追求に走ったのである。

その後の歴史でも、一神教であるキリスト教が伝来した時は、教会にマリア観音菩薩像がちゃんと安置されていたし、最後には踏み絵という偶像のために多くの日本人信者の命が失われている。

このように、我々日本人は神仏の彫像を製作するのが得意だった。日本人の特色の一つとして、よく「縮み指向」が指摘される。古くは盆栽、生け花、箱庭といった芸術から、近年はトランジスター、パソコン、携帯電話まで大きな物体を縮小し精緻に拵《こしら》えるのに優れているとされている。それが宗教の世界にまで浸透しており、仏壇や神棚というミニアチュアが各家庭に普及したのであろう。

だが絶対唯一神を希求するには、縮み指向と逆方向の捉え方が要求されるため、偶像は否定される。偉大な存在を小さな器物に閉じ込めるのを嫌うのである。こうした考え方の違いが、神を志向する姿勢に大きく影響してきたのであろう。

偶像を完全に排除するイスラームでは、世界中のどこの礼拝堂（モスク）においても偶像の類は一切ない。モスクを見学した感想として「何もなくてもの足りないですね」と言う人が結構いる。偶像のような目に見える対象がないと「気持ちが落ち着かない」というのだ。神を求める時、人間はどうしても自分に似た何かを見出したく、その影を追い求める性質があるようだ。抽象的なものよりも、人の形をそなえたものを探したくなるのだろう。だから、どの宗教の礼拝堂には人間の像があるし、さもない時は聖職者という人がいて神との間を取り持つのである。

イスラームではこれらを全部取り払ってしまった。モスクにいるのは建物の管理者だけであり、礼拝時になると時刻を告げる呼び出し人（ムアッジン）と、礼拝を先導する導師（イマーム）が来るだけで、礼拝がなければ誰もいない。ムスリムが崇めるものは、姿のない抽象的な絶対存在であり、人間をかたどるものはない。また礼拝をする場所はモスクに限らず、どこでも構わないことになっている。人間はその畏れ多い絶対超越者を必要とするために、毎日の礼拝を常に行ない、一月の断食を定めて、忘恩にならないよう意識的に賛美をするのである。

偶像を否定する態度は時に極端に走る傾向があり、写真や人形を嫌うことにも通じてくる。アフガニスタンを実効支配したタリバン・グループが、世界的遺産のバーミヤン仏像を爆破する事件があったが、それも馬鹿でかい無用の偶像があって目障りだったため壊したということだ。破壊した後で世界中の反響が大きかったために、仏教徒に対する陳謝が表明されたが、「世界遺産」には何も触れていなかった。二〇年以上も内戦に巻き込まれている民に世界的遺産という意識を期待するほうが無理というものだが、いずれにせよ、極端に走りすぎた悪例と言えよう。

それでは、時空を超えた眼に見えない絶対者を人間はいかに知ることができたかというと、中東世界には昔から、神に関わる知識を伝える特別な人間がいたのである。それが日本では馴染みの薄い「預言者」という種類の人々であった。彼らだけが、普通では得られない絶対者についての情報を人々へ伝達したのである。森羅万象を繰り広げる大宇宙の中で、絶対者が存在することを彼らが証明したのであった。

絶対唯一神は、顕現される時に九九の属性を持つことが明示され、御名で表示されている。寛大（カリーム）、至高（アリー）などである。それらの属性（御名）という「コトバ」をもって、人間は本来不可知であることの一端を知るようになったとされる。すなわち唯一神の理解には、「コトバ」が介在する。聖書の中で有名な「はじめに言葉ありき」の文節は、その重要性を示唆していると解釈できる。こうして人と神の間は言語を通して結ばれ、唯一神を崇め、祈りを捧げる時にも言葉を使うのである。

コーランには、唯一神の属性（御名）が繰り返し示される。慈悲（ラハマーン）、寛大（カリーム）、至高（アリー）、全知（アリーム）、全能（カディール）尊厳（ジャラール）、など、ムスリムの人名でしもべ（アブド）の後に来た単語はすべてアッラーの属性を表す名称である。そこには慈悲、自愛を示す優しい唯一神の側面と、尊厳で厳しく罰するという対極の性質が現れている。人の性というのは、優しくすればつけあがる面があるので、厳しく戒めることも必要である。コーランに「アッラーを畏れよ」と何度も繰り返されるのは、そんな意味合いが込められている。

以上の説明で、ムスリムが崇める対象についてある程度理解していただけたと思うが、これを本格的に究めるには「神学」を学ばなければならない。この学問は、「コトバ」を通して偉大なる絶対者の片鱗に接するというもので、イスラームには一神教神学（タウヒード）が確立している。しかし、本書ではそこまでは立ち入らない。

ムスリムは何を信じているのか

「信ずる」とは、換言すれば「正しいと思うこと」である。疑わしさがなく明らかであれば、それを信ずることができるだろう。すなわち、疑念をすべて取り除き、明白な結論を出すことが「信ずること」に直結するであろう。

例えば、「百聞は一見にしかず」というように、実際に肉眼で見たことは一番確かであり、目撃による信憑性は高いものとされている。今日では事実を証明する時に写真や録音テープを使えるから、信ずることが容易になってきている。通信事情が進歩したことで茶の間にいても世界が見えることとなったし、眼で見て信じる範囲が大幅に急増している。こうした現代社会に生きているムスリムが、見ることのできない唯一神を信じて毎日を過ごしているのはなぜだろう。

ムスリムが信じることをまとめて、イスラームの「六信」と呼んでいる。

①唯一神（アッラー）
②天使（マラーイカ）
③使徒（ルスル）
④経典（クトブ）

⑤来世（アル・アーヒラ）
⑥天命（カダル）

この六信は、イスラームに限らず、ユダヤ教、キリスト教においてもほとんど同じ概念で、この中の③使徒と④経典の取捨が異なるだけである。だから、この三宗教では信仰面において非常に似ており、それゆえに一神教という分類に属しているのである。

各宗教の特徴を見るには、信仰の結果として表れる行動に注目した方がよい。イスラームでは、この六信よりも、後述する「五行」の方にその特長が集約されている。

さて、六信の最初の①唯一神アッラーについては、ムスリムが崇める対象として、既に述べた。大宇宙には見事な調和を秩序立てる定理や法則があり、それこそが唯一神の意志を示すものと解釈されている。かつて物理学者アインシュタインが相対性理論を発表した時に、「私は宇宙の神秘に打たれ、畏怖を感じ、そして、神の存在を確信する」と語ったが、それこそが、われわれ人類が自分の眼で日々、実際に見ているこの世界のすべてが唯一神の創造したものだという感覚である。毎日の生活を通し、実感として、すべてのものが神の被創造物であり、そこには一つとして例外がなく、実存する世界それ自体に唯一神の存在を感知するというのが、第一信の示すことなのである。

六信の残り五つについては、大きく二つに分けられる。これを大別する理由は、信ずる対象が明らかに異なる範疇に属するからである。

第一の分類は、それが眼に見えるものであり、これに属するのが③使徒と④経典である。この両者は共に歴史上に実在して、実際に見聞きできた存在である。イスラームにおける使徒ムハンマドは、アッラーから遣わされた預言者としていかに行動したか、歴史が詳しく伝えている。そして経典は、「コーラン」という記録された書物として、今日でも読むことができるのである。

第二の分類に属するのは、人間の目に見えないものであり、不可視とされる存在である。これらが、②天使、⑤来世、⑥天命となる。実際に、天使、来世、天命はまったく異なる次元のことであり、見ることができない。それゆえに、疑いを挟まず正しく信じるといっても、その信仰の意味合いが違ってくるのが当然と言えよう。

啓示

預言者ムハンマド（トルコ語読みはマホメット）は、西暦五七〇年に現在のサウディアラビアにある聖地マッカに生まれている。日本では欽明天皇の時世であり、聖徳太子とムハンマドとは時代が重なっている。イスラームの成立が日本で仏教が伝来した聖徳太子の頃と覚えておくと、その時代の背景が感覚的に捉えやすいであろう。

その当時、アラビア半島の中間に位置するマッカは、アフリカとローマの産品が往来する国際交易の町として栄えていた。町を支配していた名門コライシュ族のハーシム家に誕生したムハンマドは幼くして両親を亡くしたが、祖父と叔父に養育され、二五歳の時に年上の寡婦ハディージャと結婚する。彼は若い頃から正直者（アミーン）と呼ばれ、人柄の良さを認められ、裕福な商人となった。ところが、不惑の四〇歳に達した時、ムハンマドは異様な体験をすることになる。それ以前からも山の洞窟で瞑想にふけるようになっていたが、ある晩のこと、いつのまにかまどろんでいたムハンマドの元に、突然、何者かが立ち現れ、喉元を押さえつけて、「読め、読め」と命令したのである。息が詰まり苦しかったが、恐ろしさをこらえて、ムハンマドが「何を読むのですか」と尋ねると、次のような言葉を与えられた。

読め、「創造主なる主の御名において。いとも小さい凝血から人間を創り給う」
読め、「汝の主はこよなく尊いお方。筆持つすべを教え給う。人間に未知なることを教え給う」
（コーラン、第九六、凝血章一―五節）

これが最初に啓示を受けた時の状況であり、唯一神から示された初めての言葉であった。ここにまず創造主という名前が明確に打ち出されて、尊いお方であると説明されている。そして「人間はどこから来たのか」と今でも必ず出される哲学の命題に対して解答がある。七世紀の時代に、人間が凝血から創られたという科学的な結論が明示されたのである。

このような科学的な思考は、二〇世紀になり医学分野で胎生学が体系付けられるまで存在しなかったと歴史が語っている。また筆という記録の道具をあげて、知性や教育の大切さを教示しているのも、コーランがいかに具体的かの証左とされる。

それ以後、ムハンマドは折に触れ、神からの啓示を自らの口から発するようになる。それまで全く普通だった人間が、ある夜を境として突然に異様な言葉を吐き出したのだ。誰よりも先に驚いたのが当の本人であるから、周囲の人間が仰天したのは当たり前だった。これは人々の論議の的となり、あらゆる知識をかき集めての謎解きが始まった。

何者かに取り憑かれたのだとする説。あるいは、昔から砂漠の奥には妖怪（ジン）が棲んでおり、町に出てきては人間の魂に乗り移り、悪さをするとの言い伝えがあったので、それではないかと言う説。夢占いの類ではないかという説。様々な角度から議論された。

しかし、その啓示は余りにも鮮やかで、正確な表現力を持ち、その後二〇年以上も続いたのである。上手に作り上げた物語だという者たちもいた。聖書を真似した作文だという常識的な判断を下したわけだが、即興で作れるレベルのものではなかった。詩人の迷いごとだ、ほらふきだ、狂人だという説もあったが、それまでのムハンマドの人柄を考えると納得できないことであった。

こうして、その言葉が啓示であり、ムハンマドが預言者に転身したと認知されていく。だから、「ムスリムが信ずること」を一言にまとめるならば、このムハンマドの啓示事象を認めるということに帰結する。

すなわち、西暦六一〇年のラマダーン月の夜に起こった奇蹟的なこの出来事から、ムハンマドの逝去に至る二三年間の生涯の足跡を、歴史の上から見て認知するかどうか。

この認識に立てば、ムスリムの定義を「使徒ムハンマドの生涯を知り、アッラーからの啓示をまとめた経典コーランを認める者たち」と言い直すことができるだろう。

預言者ムハンマドの行動

ムハンマドが召命体験、すなわち、唯一神の言葉を聞いて預言者になったことを自覚してからの動きを見ていこう。

最初のうちは騒いでいた住民も、そんな常軌を逸した話に興味を失い、真面目に取り合おうとしなくなった。その教えに帰依する者は、家族や親しい友人を除きごく僅かであった。

しかし、布教伝道が公然と始まり、その意図することが判明すると、笑い事では済まされなくなる。その教えには偶像崇拝を禁ずるとか、祖先伝来の慣習を否定する内容が含まれていた。これはアラビア人の信仰の中心であるカアバ神殿を守護するコライシュ族の利害と真っ向から対立するものであった。コライシュ族の多神教支持派は、ムハンマドの反対運動に回り、次いで積極的な迫害へと変わった。こうしてマッカでの苦難の生活が一〇年余り続くのだが、この苦境は親族に助けられながら切り抜けていく。

その頼みの綱であった叔父と伴侶ハディージャを続けて亡くし、ムハンマドが失意のどん底に沈んだ時、暗殺の手が伸びてきた。そこでムハンマドはかねてより接触があったヤスリブの町への聖遷（ヒジュラ）を実行する。追手の厳しい探索から逃れて、西暦六二二年七月一六日に無事そこへ到着した。これが前に述べたイスラームの暦であるヒジュラ暦の紀元となる。

ヤスリブは、預言者の町（マディーナ）へと変貌し、ヤスリブの名前は消えて現在のマディーナの呼称となった。新天地を得た使徒ムハンマドの務めは大きく変わる。従来の伝道者の使命に加えて、新しいイスラーム共同社会を作りあげる指南番としての役目を果たさねばならなくなった。それには政治的な手腕が必要とされたし、多神教徒の軍勢と戦う時は軍司令官の力量を示さねばならなかった。その間にも啓示は時に応じ、折にふれて、順次に降臨した。

マディーナでの活動は大きく三段階に分けられる。第一は、内外から様々な問題が噴出して、戦いに明け暮れた時期である。マッカの民と違いマディーナには、独自性を持った様々なグループがいた。ユダヤ教徒は最初こそ好意を見せたが、ムスリムの勢力が強まるにつれ、裏切りの行為が目立ち始める。上辺だけは従順そうに見せかけ、胸中には反ムスリムの立場を崩さない部族民も多くいた。こうした者たちを抱えながら、マッカ軍勢と三度にわたる戦闘が勃発したのである。初戦は三〇〇人余のムスリム軍が三倍のコライシュ軍勢を紅海岸に近いバドル泉地で打ち破ったバドル戦役での勝利と、翌年報復のために遠征してきたコライシュ軍とマディーナ北方のウフド山麓で繰り広げられたウフド戦での敗北、そして諸部族が連合した大軍の来襲を受けて、陣地に深い壕をめぐらし防戦したハンドク（塹壕）戦である。

第二段階は、コライシュ軍との間に和平協定が成立してから、マッカを無血征服した期間である。

カアバ神殿に入った使徒は、鎮座する偶像を一つ残らず叩き壊して異教時代の終了を宣告した。

第三は、アラブ諸族の代表がマディーナを訪れて、人々が続々とイスラームへ帰依した時代である。

そして、六三二年六月九日、預言者ムハンマドはアッラーに召される。

こうしたムハンマドの一挙手一投足は、多くの人々に目撃されて、それらがまったく完璧に記録に留められた。そこには疑いを挟む余地がほとんど残されていない。したがってムハンマド伝には、イエスの生涯にあるような奇蹟がほとんど見られない。そしてムハンマドが強調したのは、自分が皆と変わりない同じ人間であるという人間宣言であった。

それと並んで注目すべきは、自分は預言者であるが「人間に遣わされた最後の預言者」だという打ち止め宣言をしたことである。それは、コーラン第三三、部族連合章四〇節に明言されている。それ以降、人類の前にはもう新しい使徒の出現は期待できないのである。

こうした事実の積み重ねがあるからこそ、ムスリムは「私は、使徒ムハンマドを信じます」という信仰告示を口に出して言えるのである。

第六章

イスラームの常識❷

コーランの成立

イスラームの経典コーランは、新約・旧約聖書など、過去の経典と違って、その成り立ちの一部始終がまことに明確であるという特色を持っている。つまり、コーランの最初から最後までが、正真正銘ムハンマドの口から出た言葉である。ムハンマド自身がそのすべてを口述したのであり、その他の人間の手は一切加えられていない。預言者という資格を持つ人間だけが可能な媒体行為により神のコトバを受けて人間へ伝えたとされる。その一字一句の内容は神の意志そのものであり、人間のコトバに置き換えられただけである。預言者の役割というのは常に受け身であり、そこに人間の意図が積極的に入り込む余地はない。

ムハンマド自身が何度も述べているが、彼自身の意志には関係なく他の強い力が作用して、彼の意識を変質させ、ひとりでにコトバを口走らせたという。その作用を担当したのが天使ジブリール（ガブリエル）であり、天使は啓示を「天にある原簿（ルーフ・ル・マハフーズ）」から何度となく分割して運び、地上の預言者に与えたとされる。但しこの天使や原簿は、眼に見えない不可視の範疇になる。

以上のような啓示が二三年にわたり、少しずつ分割で断片的に降臨した。それらの言葉は、ムハンマド自身が一部を記憶してはいたが、ほとんどの場合は彼のまわりにいた付き人たちが、神がかり状態にある預言者の口から流れ出る言葉を、その場で記憶したり、書き留めたりしたものである。こうした断片を人々は頭脳に記憶として残し、あるいは羊皮紙やナツメヤシの葉、鞍の側板、動物の骨、石版などに刻んで、記録していった。

預言者の時世には、啓示の全篇を取りまとめようとする動きはなかったし、その必要性もなかった。だが、六三二年に預言者が没して、預言者の代理者（カリフ）にと指名されたアブーバクルの代になると、アラビア砂漠の各地に背教者が現れ、討伐軍が派遣された。そして、アラビア半島中央に位置したヤマーマにおける戦闘では、教友の中で啓示をよく暗誦していた七〇人が戦死したのである。

これを憂えたアブーバクルは、啓示の編集をザイド・ビン・サービトに命じた。その原本は二代目カリフのウマルに引き継がれ、ウマルの死後には娘のハフサが大切に保管した。さらに、イスラーム地域が拡大して、ペルシャ、ローマを併合するに至って、経典の必要性はいよいよ増した。

そこで、三代目カリフ、ウスマーンは、ハフサから原本を手に入れると共に、再度ザイドを呼び、他にマッカの学者を集めて、編纂を命じた。こうして、六四八年に、現在見る「コーラン」原典が一冊の書物として成立したのである。

完成時には他にあった書片はすべて焼却された。この原本は「ムスハフ（書片の集合の意）」という名称で呼ばれ、後に「ウスマーン定本コーラン」として知られ、文字は角張った古いクーフィー書体を使っている。同時に写本を全部で七冊作成し、マッカ、バスラ、クーファ、ダマスカス、エジプト、イエメンへと、それぞれ朗誦者をつけて送付し、残り一冊はマディーナの手元に置いた。こうして各地で正しいコーランの朗誦が行なわれるようになったのである。

コーランの特長

コーランとは、アラビア語根（コラア　QRA' 読誦する、朗誦する）からできた派生語であり、その意味は「誦むべきもの」とか「朗誦すべきもの」である。それゆえに、単に目で追って読むのではなくて、声を出して朗誦しなければならない。いつも朗誦することにより経典としての本当の意味が解ってくるというのである。

コーランの朗誦には一種独特な節回しが決まっており、その通りに発音し、抑揚をつけるように指導される。日本の浪曲のような独特の口調で、義太夫か長唄のように、やはりお師匠について学ぶことになっている。イスラーム諸国を旅行した人が、必ず耳にする余韻に満ちたあの音調である。

コーランは、別名「アル・キターブ」（The Book）とも言うが、書冊として見ると、全体が一一四の章（スーラ　Sūrah）から構成されており、各章はいくつかの節（アーヤ　Āyah）からできている。長い章になれば、第二、雌牛章の二八六節があり、一番短い章は、第一〇八、カウサル章のたったの三節である。

現在見るコーランは、七世紀のウスマーン原本で編纂した通りを継承しているので、第一、開扉章を特例として、だいたい長い章を最初におき、順次短い章を並べるという構成になっている。つまり、章の長さという基準で並べてあるのだが、これにはいくつかの問題が含まれている。

二三年間を通した啓示の長さを見ると、初期のマッカで下りた章は全く簡潔で短く、マディーナ啓示の方はずいぶん冗長となっている。つまり、コーランの章の配列は、時系列でないばかりか、おおよそ反対となっている。ということは、コーランを最初から読み下していくのは、ムハンマドの生涯を逆に辿ることになる。コーランが読みにくいとか、わかりにくいというのは、アラビア語の難解さに加え、時系列でないのが一つの理由である。

したがって、本当は第一一四章、第一一三章…というように逆に読んで行く方が解りやすいと言えるだろう。

コーランの日本語訳

コーランの神髄を本当に正しく理解するには、アラビア語原典に取り組まなければならないとしても、日本人ならまずは日本語による翻訳をひもとくことになろう。

戦前では、有賀文八郎、高橋五郎共訳『イスラム教典・聖香蘭経』が昭和一三年（一九三八年）に初めて刊行された。大久保幸次訳『邦訳コーラン』も出版されたが、完訳ではない。

戦後は、ドイツ語文献から翻訳した、大川周明訳『古蘭』（一九五〇年）が知られる。アラビア語原典を精緻に研究し、翻訳完成したのは、イスラーム学の世界的権威、井筒俊彦訳『コーラン』であり、岩波書店から発刊された（一九五七年）。その後に中国語、英語訳を参考にした、三田了一訳『日亜対訳注解、聖クルアーン』が宗教法人日本ムスリム協会より刊行された（一九七二年）。これはアラビア語テキストと対訳になっているために見やすい利点がある。その後、同協会から改定版が出されたが、日本語文章の更なる改定が望まれる。

コーランの内容

コーランを詳しく検証すると、マッカ期とマディーナ期で大きな転換が見られる。マッカ時代の啓示は、イスラーム教理の基本について語り、天地の終末や、最後の審判の恐ろしさを訴えている。そして信徒が為す善悪の行為で天国や地獄に送られるといった個人の精神面に関わる事柄が多く、峻烈で激しい口調の啓示が多い。

マディーナへ移ると、社会全般に及ぶ公的な側面が、啓示にはっきりと打ち出されてくる。それは新たなイスラーム共同体の建設を目指すのに必要とされる事柄であった。啓示の中に、宗教儀式が明白な形を取って決定され、また、生活慣習に関わる規則で、例えば豚肉や酒類などの禁止（ハラーム Harām）される食物や飲物と、許された合法（ハラール Halāl）のものとが分けられた。法律規定としては、結婚、離婚、再婚、遺産相続などの家族法が詳しく成文化されていく。

重要なのはこれらの律法規制があくまで啓示の形式で降臨したことであり、人間が随意に定めた一般の法律規則と区別されることである。

井筒俊彦博士は、こうした単なる内容分類ではなく、言語意識に基づくレトリック（修辞形式）から見た、次のような分類をされている。

コーランには以下のような三つの異なった文脈が入り交じって展開されるという。また前述のように、コーラン編纂の時に時系列的な配慮がなされていないので、読者は注意しながら読み進む必要がある。

①叙述的文脈（Realistic）…事実事象につき記述し、描写をし、述べたもの。
②想像的文脈（Imaginal）…言語意味だけの次元において、文節を述べたもの。
③説話的文脈（Narrative）…無時間、超時間の次元で、物語を述べたもの。

①叙述的文脈とは、普通の事柄をそのまま記述した文ということである。七世紀の時代、預言者に関して起こった諸々の歴史的な出来事を語った部分がこれにあたる。それらは実際にまわりの者たちが目撃しており、確かに発生した事実として認めることができる。

これは、コーランが持つ歴史記録としての価値であり、信ずるに足る重要な部分である。

また啓示の中には、道徳的な教訓を与えるために、様々な例を挙げて人間描写をしているが、それもこの分類に入る。律法に関する命令文は、神の意志を示す重要な文節であり、人々にそれを実行するよう求めており、平易な文脈で叙述的な記述の典型である。この律法関連はマディーナ後期に多く現れるが、一般にこれらの叙述的な文脈はコーラン前半部分、すなわち預言者の啓示の後半により多くなっている。

②想像的文脈とは、世界終末の光景（第八一、第八二章など）や天国、地獄の描写などがその好例であり、マッカ初期の啓示に頻繁に出てくる。それらは実際にこの眼で見ることはできないが、コトバの持つ本来の意味だけ一人歩きをして、人間の思考の中に新しい世界を織りなすのである。こうした世界は、あたかも現実に存在するような実感を伴って、我々に迫ってくる。今日的な表現ならばバーチャルな虚像の光景と言えるであろう。不思議なイマージュの世界が現出する。七世紀の時代には、それが言語の世界だけで表現されたのである。

コーランには、こうした外的世界にはないイマージュの風景が多く描写されている。この文脈に属するものとして「誓言形式」というコーランに独特な文体がある。

誓おう、この町にかけて、汝はこの町で何の禁忌をもたない身。生み手と生まれたものにかけて

（コーラン第九〇、町章、一―三節）

これが何に誓うのか、何のため誓うのか、まったく不明ではあるが、これこそが意識の深層から湧き出てきたイマージュの文脈なのである。聞く者たちを不思議な世界へ引き込むためにこの「誓言形

式」が使われるという。すなわち、前もって人々の注意を喚起するための演出効果と解釈するのが理解しやすいであろう。

③説話的文脈とは、先に紹介したモーゼの物語のように、寓話の形式で話の筋が展開していく文章である。これは①叙述的文脈と似ているが、それと区別する決め手は、物語が実際にあったのかどうか、言い換えれば、実際の歴史上の出来事であったのかどうかの確認となる。

歴史として実証ができれば①となるが、時間軸がなければ③の分類に属することになる。コーランには、色々な寓話や物語を引用して、人々の理解をやさしくする工夫がなされている。旧約聖書で語られた物語と非常に似たストーリーが登場する。これはまた、三宗教の関連性をよく示す証拠ともなっているのである。

天使、来世、天命

天使、来世、天命のような不可視のものについて、ムスリムはどう信じるのであろうか。

その答えはコーランの開扉章に続く、第二章冒頭に明記されている。この第二、雌牛章はもっとも長い章であるが、最初の三節を引用してみよう。

アリフ・ラーム・ミーム（神秘文字）。これこそは、疑念の余地なき（天啓の）書、（神を）畏れかしこむ人々の導き。（その人々とは）すなわち不可知なるものを信じ、礼拝の務めを守り、我らの授け与えた（よき）ものを惜しみなくわかち施す人々。

ここで不可知と訳されているのは、「ガイブ（Ghaib）」というアラビア語で、隠れて見えないこと、つまり不可視であるという意味である。すでに開扉章の中に述べられた「万世の主」、すなわち偉大な唯一神は色々な世界を支配しており、そこには人間の眼に見える世界もあれば、見えない不可視の世界があってもおかしくはない。例えば、天文学が発見した宇宙にある暗黒星雲、ブラック・ホールなどもその典型であろう。

ここで初めてイスラームに「信ずる（アムナ　AMN）」というコトバが出てくる。我々の眼には見えないのだが、そこに天使がいる、来世があると、コーラン啓示が断言しているのだから、我々は信ずるのだという論法である。本来は見えない世界ではあるが、コーランのコトバを通して僅かにその光景を垣間見るということである。

来世の状況についても、それらしきものをコーランから我々のイマージュで想像しながら知るのである。無論それらがすべてではないはずだが、コーランが教えることを我々は信じて想像を逞しくさせるのである。

天使については、コーランを運んできたジブリール（ガブリエル）の他に、多くの天使が存在しているとされるが、詳細な説明は省こう。ただ人間が土から創られたのに対し、天使は「光」から創造されたと言われ、唯一神への忠誠を尽くし、服従して奉仕をするという。ちなみに火から創られたのが妖霊（ジン）だと考えられており、人間のように良いグループと、悪いものがいると説明される。

来世については、コーランの描写を読めば、それがどんなところか、すぐ見当がつくだろう。現世に生きる人間の誰でもが、必ずや例外なく死を迎えるのである。死んでから何千年、何万年経ってかわからないが、将来のある時点で、人間に復活の日が訪れ、墓から立ち上がり、唯一神の審判を受けることになる。各人は現世でなした善行と悪行を秤にかけられ、その採点結果に従って天国か地獄行きかに振り分けられるとされる。これが永遠の住処の決定である。

この理屈から言うと、人間には善悪を行なう時に選択する意志が備わっており、自らの意志で自由に行なうことが許されることになる。

実際にこの事実を立証するコーランの個所があり、第二、雌牛章二八節において、唯一神が天使に向かい「地上に人間を代理者とさせる」としている。代理者（カリフ Khalifah）とは、「代わりをつとめる（カラファ KLF）もの」を意味している。地上では、人間が神の代わりをつとめ、世界を治めることが許されたという。すなわち神の裁量が許可する範囲内であれば、人間にはある程度まで選択の自由が付与される。

しかし人間はそもそも傲慢で思い上がりが強く、不遜な振る舞いに走るから、「唯一神を常に畏れよ」とコーランは繰り返して忠告する。また人間は忘恩の徒で、忘れやすいから、一日五回必ず礼拝をして、その度毎に唯一神を思い出すように、とコーランは述べているのである。

そして、人間に選択の自由があるからこそ、そこに善と悪を区別する基準が必要となる。中でも人間が「自殺する行為」については、前にも述べた通り、「罪悪」とされ、厳しく戒められている。自殺者は必ず死後のいつかの時点で復活させられ、その責任を取らされる。つまり自殺は、日本人が得意芸とする「責任の先送り」以外のなにものでもなく、将来必ず責任を取らされるから無駄であるというのだ。

では、人間の自由意志と天命との関係はどうなのだろうか。その両者は果たして抵触しないのかという問題について、昔から様々な神学論争が展開されてきた。ここでは詳細には立ち入らないで、結論だけを述べるにとどめよう。

天命は、アラビア語で「カダル（Qadar）」という。この本来の意味は、唯一神が示す威力そのものであるが、その神の意志が定めるものすべてが天命なのである。神は常に絶対であり、全知全能で、その権力は限りなく、あらゆるものはその意志によって生まれるのであるから、天命を信ずることは当然の帰結となる。

我々が生を受けてこの世界に存在していること自体も神の意志なのである。そのことに感謝する意志表示として毎日の礼拝に務めるのである。人間はこの生まれてきた現世で、地上における代理者として許されたのだから、その限定された範囲の中で、我々は常に理性をもって善悪を判断しながら努力して、なるべく神の意志に沿った行ないをしなければならないとされるのである。

それに対して、日本人の一般的な考え方はこうだろう――。

人間は自然の成り行きでこの世に生まれてきて、日本という自然環境の中で育ち、その社会で良いとされる明るく清い心を持ち、一生懸命に努力をすることで、毎日の糧を得ることができる。平凡な家庭を築いていけば子宝に恵まれ、養育の義務を果たすと老年を迎え、静かに死んで行く時を迎える。これを自然に繰り返していくのが人生であり、この世界の本当の姿である。

このような考え方は、自然に対して受け身の立場で、付与された人生を甘受するということではないだろうか。前にも述べたが、イスラームの認識のしかたは違っている。

イスラームでは、我々の住んでいるこの宇宙を見て、森羅万象のすべてがまったく規則正しい秩序と統一に保たれて、美しい調和のもとに動いていることに驚嘆する。その結論として、こんな規則正しい優雅な世界が自然に生まれたはずはなく、何らかの意志が働いているに違いないと考えるのである。

客観的に考えて、人間のような小さな存在が、小さな眼で捉えた世界だけを見て、そのすべてを把握できるだろうか。

創造者という存在を常に意識しながら、大宇宙の秩序や調和のある意志を積極的に学び取ることが人間としてのあるべき姿だ、というのがイスラームの主張であり、人生の意味をより明確にすることをイスラームは教えるのである。

第七章 イスラームの常識❸

イスラームにおける法

我々は、普段の生活で、絶えまなく空気を吸っているのを意識しない。これと同様に、我々が生きていくために必要であり本当はがんじがらめになっているのだが、通常はそう深く考えないのが、法律や規則である。

実際には、家を一歩出ると、道路交通法があり、学校へ行けば校則が決まっているし、会社では社則に従っているはずだ。何かが起こった時以外あまり意識しないが、社会に秩序を与えているのは、こうした取り決めや規則なのである。だから、時に応じて六法全書など引っ張り出すか、法律の専門家である弁護士を訪ねることになるだろう。

それでは、法律や規則はどのように定められたのか。どんな根拠や理由をもとに決めるのか。簡単に言えば、人間社会をよく検証して、歴史や慣習などを参考にしながら、正義、権利、義務、主権などの本質をよく見極め、人民の総意に沿った社会が要求するものを導き出すということだろう。つまり、社会が必要なものを自ら生み出していくという制定法の考え方であり、近代社会の中から必然的に生み出される制度と考えられる。これは、あくまで人間の手により立法がなされるという考えに立っている。

イスラームでは、実はこうした「人間による立法」というやり方を採っていない。人間が「法」を新たに作り出すことはできないと断言しているのである。「法」は既に人間社会に対し最終的な律法として七世紀の時点で付与された、という立場をとる。だから、その法の源をよく検証し、それぞれの時代に合わせた社会制度に変えていけばよいとするのである。

イスラームではその「法」を「シャリーア（Sharia'）」と呼ぶ。シャリーアはコーラン第四五章一八節にあるように、「アッラーによって示された、人間が行ない従うべき正しい道」である。なお別名として、フィクヒ（Fiqh）があるが、これは「知」と同じ語源で「理解すべきこと」の意味を持つ。

つまりイスラーム法（シャリーア）では、唯一神の意志だけが「法」なのであり、人間はその真意を汲み取り、その道をたどって、正しい世の中を作っていくということである。

こうしてムスリムにとって行ないの規範となるイスラーム法は、ムスリムの生活全般の広い範囲に及んでくる。それは個人、家族、隣人、社会、国家、国際関係から、人種に関する領域まで広く深く、精神的また具体的な規範を示している。そして、政治経済、文化などのすべての面で、ありとあらゆるものが唯一至上の神の支配に帰着するのである。それゆえに国家でさえも神への服従が要求され、「国家至上主義」という考え方すら許されないことになる。

イスラーム法に従うことで、国家は神の律法を超えない範囲で国民を守る義務を果たし、国民は神に忠誠を誓うように国家の秩序に従うことになる。こうした考え方の延長線上で国家同士のエゴのぶつかり合いを避けることもできることになる。絶対者の律法であるイスラーム法を根底に据えれば、すべての人間行動に対して、ある種の歯止めが利くとされるのである。

そもそも一般論として「法が存在する意義」は、どの社会にあっても「法が遵守されること」にあるわけだから、最初から唯一神に従うことを前提としたイスラーム法の実効性は、極めてすぐれたものと言える。

たとえば、日本で一時批判された会社人間は、会社に忠誠を尽くす余りに反社会的な行動を犯すという、極めて狭量な行為に走ることに問題があった。また今日起こる国際紛争は、国家至上主義が行き過ぎた余りに他国の利害を省みずに反国際的な行為を犯すという、これまた大きな視野を失った狭量な動きである。イスラーム法を完全に遵守して機能させれば、それらを回避できるとムスリムは考えるゆえに、イスラームに固執するのである。

イスラーム法の法源

イスラーム法（シャリーア）を定めるにあたり、その決定の基礎となる根拠を「法源」と呼んでいる。以下のように、主要な四法源であるコーラン、ハディース、イジュマー、キヤースと副次的なイジュティハード、ウルフ、カーヌーンの七つがある。

1 コーラン

その誕生と成立につき、おおよそを既述したが、預言者ムハンマドが突然、霊力に取り押さえられて啓示に接して以来、二三年の長きにわたり降臨した啓示をまとめたのが「コーラン」である。下された啓示は側近の信徒により、そのまま脳裏へあるいは文字に記録されて、誤りのないよう克明に保存された。七世紀前半の二三年間という特定期間に、アラビアの特定地域での生活を背景に繰り広げられた様々な出来事と深く関わり合いながら、コーランは形成された。その正確な記録性の高さにおいて、コーランは類まれな存在と言える。

コーランは以後、神の言葉として世に受け入れられて絶大な権威を持ち、ムスリムにとり毎日の行動規範を定める金科玉条となった。信仰理念はもちろんのこと、結婚や離婚、養子縁組から盗みや殺人の罰則に至るまで、コーランは社会一般の規範としての役目を果したのである。

しかし、預言者が存命のうちは、啓示をもって神意を伺い、すべての問題を解決できたが、ムハンマドの逝去で、新しい啓示の降臨は完全に閉ざされることになった。これは残された信徒にとり容易ならぬ事態であり、何らかの対処に迫られた。

まずは、それまでに降臨した啓示の遵守に重点が置かれることになった。コーランをすべての物事の根拠とすること、そして新たな事態に対しては「コーランに則りすべての判断を決定する」という方向づけがその時から始まった。

最初この作業はコーランの知識に精通する者に任されたが、次第に専門の学者の仕事となっていく。学者たちは毎日コーランを最初から最後まで必ず眼を通したと伝えられるように、地道な努力の末に、コーランが定めた規定を選び出して、項目毎に配列し直すという仕事を完成させていった。
コーランには少なくとも二〇〇以上の法規定の源があるとされており、これを法律規範として使いやすいようにまとめたのがシャリーア法典となったのである。

2 ハディース

アラビア語の語根ハダサ（HDT）は「語る、起こる」を意味する。ハディース（hadīth）という名詞は、広義には「語ったこと」の意であり、それが既に為されたことを示している。コーラン第五二、山章三四節に「これと同じような『お告げ』を作り出してみせるがよい」とあり、「告げたこと」を意味することがわかる。

だが現在では、「ハディース（Al-Hadīth）」といえば、コーランと並ぶ固有名詞となり、「預言者ムハンマドの言行を集めて記録した書物」を指す。ハディースには預言者ムハンマドが語ったこと（カウル QUL）、行なったこと（フェアル FEL）、決めたこと（カラル QRR）、示した形（ワサフ WSF）が収録されており、日本語では「伝承」と訳されている。

預言者が生存中はコーラン啓示だけが大切にされ、啓示との混同を避けるためにその他の情報を書き留めるのは禁じられていた。つまり、預言者ムハンマドの口から出た言葉でも、唯一神からのメッセージと単に人間ムハンマドが日常に語るコトバとが、最初から厳しく峻別されたのである。

この理由で、コーランの編纂は真っ先に行なわれたが、ハディースの収集はこれより大分遅れることとなった。預言者と同時代の教友たちは、預言者の言動を記憶に留めたに過ぎなかったのである。

だが預言者の逝去後、イスラーム世界は大きく版図を広げた。そして、新しい事態の発生や情勢の変化に対応するため、コーランに準ずる根拠としてイスラーム法を整備するのに必要となったのが、預言者の生前の行ない（スンナ Sunna）である。

側近の口伝により、人々に語り継がれていた預言者の言行を集録するにはかなりの困難が伴った。まず、編纂を始めるまでに既に時間が経過していた。預言者から第二世代にあたる人々の伝承から、第三世代の伝承になっていた。しかも前記のように、記録が残されていないため、偽物が混在しないように、各伝承の状況や条件を厳密に考証する配慮が要求された。

すべての伝承（ハディース）には、必ず、伝承者の系列を示す部分、たとえば「この伝承は、Aより伝えられた。AはBより、BはCより伝えられて、Cは預言者がかく語り、行なわれたのを聞いた、あるいは見た」というような「系譜（イスナード Isnād）」と、その内容を示す「本文（メタヌ Matn）」から成立することとされた。本文は言うまでもなく預言者ムハンマドの言行や振る舞いの説明であるが、それを正確に得るために、誰が誰に伝えて誰から誰に伝達されたかの確認を行なう伝承者の系譜を必ず添えたのである。

伝承者の信用度が高く、系列が連続していれば、信憑性は高いし、更に幾つかの系列が同じ内容の文言を伝えるならば正確さが証明される。こうした厳密な情報の査定がなされた上で、伝承（ハディース）の取捨選択が行なわれた。

各地に分散した信徒たちから多くの口伝を集める仕事は学者に委ねられた。ハディース学者は、最低でも二万の伝承を暗誦している必要があったと言われ、しかも本文を完全に暗記して内容を正しく把握した上で、系列を知ることが条件とされていた。伝承学者として名高いブハーリーは、一〇万の正伝とその他二〇万の合わせて三〇万以上の伝承を暗記していたという。正伝とは、正しい系列により継承され、正確さが認証されたハディースである。

伝承を多く伝えている教友としては、アブー・ホライラ、アブドッラー・ウマルなど数多くいるが、預言者の若き妻アーイシャも伝承を多く残したことで知られる。

ハディースもシャリーア法典と同じように、項目別でまとめられている。これは当然、イスラーム法の法源として活用されるわけだから、使いやすいように編集したのである。

なお、時にハディースと同義に「スンナ」が使用されるが、厳密には、ハディースから得た「預言者の言行そのもの」をスンナと言い、前に述べたように、預言者が鬚を生やしていたから、信徒も鬚を伸ばすと言う時、「スンナに従う」と表現するのである。

3 イジュマー

イジュマー（Ijma'）はアラビア語の「集まる（ジャマア JME）」から派生した名詞であり、法学者が集まって討議を行ない、総意に基づいて決定することである。法学者たちが根拠となるコーランとハディースを検索して、どの個所を引用しその解釈はこうなるという意見を持ち寄り、討議を重ねて結論を出すやり方である。本来の法源はコーランとハディースのみであり、イジュマーはむしろ方法論と言うべきものである。

西暦八世紀から九世紀にかけて、多くの法律書が編集された。項目の分類は似たようなものであるが、法源の採択や解釈をめぐって意見や見解の相違が生じて、いくつかの分派が生まれた。宗派の分裂では、スンニー派とシーア派に分かれたのが大きい。

シーア派法学は、ハディースの引用に際し、預言者の血筋を引く近親者の伝承を重んじて規範にするという傾向が強い。

スンニー派は、教友たちが伝える正伝を等しく認めて典拠としており、全教徒の九割以上を占めているが、実際の行動における形式や作法の細かい違いで、以下の四派に分かれる。

①ハナフィー派…法学者アブーハニーファ（六九九—七六七年）の見解を支持するもの。分布する地域としては、トルコ、中央アジア、パキスタン、インド、中国などがある。

②シャーフィー派…法学者ムハンマド・アッシャーフィー（七六七—八二〇年）の説に従うもの。インドネシア、マレーシア、東アフリカ、インド南部、スリランカなどに分布する。

③マーリキー派…法学者マーリク・イブン・アナス（七一五—七九五年）の見解に従うもの。北アフリカ、スーダン、西アフリカに分布している。

④ハンバリー派…法学者アフマド・イブン・ハンバル（七八〇—八五五年）の説く見解を支持するもの。北アフリカ、アラビア半島の一部に分布する。

これら学派の差は大きくなく、たとえば、立礼礼拝の仕草について、ハナフィー派は両手首を組むが、シャーフィー派は両肘で組み合わせる。マーリキー派は両手を組まずに下ろすという具合である。

4 キヤース

アラビア語の「測る（カヤサ QYS）」から派生して、キヤース（Qiyās）という名詞になり、「類推」と訳されている。「キヤース」とは、ある新しい事態や事柄に対処する時、過去の事例から本質的に相似する点を見出すことにより推論を行なうことである。つまり、基本的に似たところを見つけて、類推するという考え方である。これまでになかった事例について、それとよく似たことを規定する法を適用することになる。

たとえば、ヤシ酒やぶどう酒を禁ずる規定はあるが、ウイスキーという新製品についての規定がない時、ウイスキーも酩酊を引き起こす酒の一種類であるから、飲酒を禁止するコーラン条項と同じ取り扱いになるという解釈である。過去の「判例」と比較しながら判断を下すことと考えればわかりやすい。

5 イジュティハード

イジュティハード（Ijtihād）は前記の法源の中でも解決の道が見出せないような新しい問題に直面した時に、法学者が鋭意努力をして「新たな見解を出すこと」である。法学者はイスラームの精神に立脚し、法源をあくまで根拠としながら、公益や公共福祉などを考慮に入れて演繹する努力を払う。

たとえば、人工受精とか、クローン人間の可否など、新しい問題に直面した時である。こうした問題は、社会の変化や時代の進歩と共に色々と起こってくる。その回答にあたっては、あくまで神の意志に沿うかどうかを照合して、結論を導き出すことが必要となる。これを行なうにあたっては、その演繹が可能と認められる学識を有する法学者（ムジュタヒド　Mujtahid）に任されることとなる。

6 ウルフおよびアーダート

ウルフ（Urf）は、社会の中で認知される「道徳や倫理」などである。たとえば「人道的な処置」と言われるような人情に叶ったことで、それらにより人々の絆が円滑に保たれ、社会を維持する役目をするものである。

一方、アーダート（A'dāt）は、通常、「慣習法」と訳されるが、イスラームが異なる文化圏にまで拡大して流布された時、その土地にある慣習を許容して認めるものである。

これらは必要に応じ、シャリーアに準じて、採択される。

7 カーヌーン

カーヌーン（Qānūn）は国家が公布する規則や法令をさす。近代になり多くのイスラーム諸国が帝国主義の配下に置かれて、西欧近代法が導入されたことから、国法が一般化した。さらには社会の進展で、イスラーム法にない詳細な規定が必要とされるために、各種の近代法制が整えられることになった。こうしてイスラーム法と併存させる二本立ての法体系が多くの国で採られている。

今日のイスラーム諸国では、国家の体制がより強化される傾向にあり、カーヌーンの重要性が増している。

また逆に、非イスラーム圏でもムスリムが居住する国では、民法や家族法にイスラーム法の採用を認める場合も多い。たとえばフィリピン共和国では、南部のミンダナオに住むムスリムについては、家族法にイスラーム法を適用している。

一般に、人々の慣習的な生活に関わる民法にはシャリーアを運用して、他の分野では国法（カーヌーン）が規制するという場合が多くなっている。だが、サウディアラビアは現在でもコーランとハディースを国家の基本法として、王国令の公布により諸規則全般を定めるという法体制を採用している。

イスラーム法における行動規準

イスラーム法の特色は、道徳的な要素が濃いことであり、公法（憲法、行政法、刑法など）と私法（民法、商法など）の区別が判然としないことであろう。イスラーム法は信徒にとり強い規範を持ち、行動に結び付ける実効性を有している。しかも確固とした社会倫理に立脚しているので、個人の域内に留まるものでなく、社会秩序の存立に深く関与してくるのである。

こうしてムスリムが実際に行動をする時は、以下のような判断基準（ホクム　Hukum）に従うことになる。この基準はあくまで神から見た視点であり、神が褒めるか、禁じるかの度合いにより、五段階に分けられる。

よく知られる預言者ムハンマドのハディース「すべての行動は、意図（ニーヤ　Nīyat）と共にあり」

は、この基準を事前に確認するという意味合いを持っている。たとえば、礼拝や断食を行なう時には、必ず「これから、こういうことを行ないます」と最初に宣言をしなければならない。列車やバスの運転手が車両を動かす直前に「シュッパツ・シンコーウ」と確認の声を出すのと全く同じである。これはすべての行為を行なうにあたり、以下のどれにあてはめるべきかとの確認となる。

①義務行為（ファルド　fard, ワージブ　wājib）…神が命令した行ないであり、これを怠ると罰せられる。たとえば、一日五回の礼拝、一定額の喜捨、可能な者に対する一生一度の巡礼など。
②推奨される行為（マンドゥブ　mandūb）…行なうことが好ましいが、しなくても罰を与えられない。たとえば、義務礼拝以上の礼拝、任意の喜捨、コーラン朗誦など。
③許容される行為（ムバーハ　mubāh）…罰や報奨を受けないすべての行ない。たとえば、日常生活の中で①②④⑤に入らないすべての行動。
④嫌悪される行為（マクルウフ　makrūh）…②の反対で、罪にはならないがしない方がよい。たとえば、喫煙、ロバの肉を食べることなど。
⑤禁止行為（ハラーム　harām）…神が禁じた命令であり、これを行なうと罪になる。たとえば、偶像崇拝、殺人、飲酒、豚肉を食べることなど。

イスラーム法は項目毎に編纂されているが、大別すると「宗教規定」と「行動規定」に分かれる。イバーダート（Ibādāt）と呼ぶ宗教規定は、イスラーム五行に関する詳細な決まりを説明する。この規定は、「清浄（タハーラ　Tahārah）」、「礼拝（サラート　Salāt）」、「喜捨（ザカート　Zakāt）」、「断食（サウム　Saum）」、「巡礼（ハッジ　Hajj）」の五部から成り立つ。

これらはいずれもきわめて具体的に述べられているので、非ムスリムがムスリムの宗教行動を理解する上で役に立つと思われる。

清浄

清浄（タハーラ）と不浄（ナジス）の概念を明らかにして、事物や状況をそのいずれかに二分する。たとえば不浄なものとして、死体、血、嘔吐物、大小便、豚肉、酒などが挙げられる。また状況が汚れている場合は、清浄にする方法をも規定している。ムスリムの葬儀の前に遺体を水で洗浄することがその例である。

豚肉は、衛生的な面から寄生虫が多く、昔から中東地域では食に適さないと言われてきた。酒も日本での清酒や御神酒という清いイメージではなく、むしろ頭痛や嘔吐の原因となる汚れた飲物という範疇に属するのである。

宗教儀式である礼拝を捧げる時は、身体を清めて清浄であることが条件とされる。通常は水で斎戒《さいかい》沐浴《もくよく》を行なうが、その沐浴の仕方も作法が決められている。全身を洗う大浄（グスル　Gusl）と部分的に手足や顔だけを洗い簡単に済ませる小浄（ウドゥー　Wudhu）がある。また、清めるにあたり水の使用が不可能な時は、清浄な砂を用いて砂浄（タヤンマム　Tayammam）が許されるなど、状況に応じた便法も定められている。

日本でも江戸時代の旅籠《はたご》へ入る客は、手と足と顔を洗ってから投宿した。これらの衛生管理をイスラームでは七世紀から続けてきたのだから特筆に値しよう。

しかし、今日では反対に信徒の「小浄」が日本では小さな波紋を起こす原因となっている。特に集団礼拝を行なう前にムスリムは沐浴をするわけだが、作法どおりだと顔と手のみでなく、足まで洗わねばならない。しかし、現在の日本の洗面所は文字通り、顔や手など上半身を洗う構造になっており、足を洗うのには適さない。大勢がそこで無理に足まで洗うと、床は水浸しとなり、靴やスリッパまで濡れて、かえって非衛生的な状況となってしまう。その結果、イスラーム教徒がトイレを使うといっぺんで汚くするという悪い評判が立つのである。

礼拝

成年に達したムスリム男女は、一日五回の礼拝（サラート）が義務づけられる。礼拝は、夜明け前、正午、午後、日没、夜の定刻時にマッカの方角を向き、一定の形式に従って行なわれる。

イスラーム法は礼拝に関連する様々な規定について詳細に説明している。例えば、礼拝時刻を定めるのに、夜明け前は白黒の糸が判別できる時、日中は太陽の影の長さで決定する、などと示されている。礼拝の時刻が来たならば、礼拝の呼び出し（アザーン）を行なって人々へ報じるが、その定型文句も定められており、一四〇〇年間、同じことが繰り返されているのである。

礼拝の種類には、日々の義務礼拝から、毎金曜日の集団礼拝、日蝕時の礼拝、雨乞い礼拝、断食月の特別礼拝などがある。礼拝は各人が単独で行なうのも無論よいが、集団で行なう方がもっとよいとされ、一人の導師（イマーム）が先導して全員が一斉に礼拝を捧げることになる。

さらには病気で礼拝ができない時はどうするかとか、旅行中、戦闘時の礼拝は短縮ができることなど、例外的な場合を想定してのきまりがある。

ムスリムが知らなければならない礼拝に関する知識は結構な量に上り、これらを専門に身につけたのが導師（イマーム）である。イマームには、コーランを正確に暗誦でき、信徒の質問に解答ができるほどの学識を有することが条件とされている。

ある意味で、この一日五回の礼拝が、ムスリムを他と区別する最大の特長の一つと言えるだろう。一回の礼拝に要する時間は五分も要しないが、とにかく毎日五回、定刻が来ると欠かさず礼拝し、それを生涯通して続けることが義務とされるのである。

日本なら、日の出前の礼拝一つとっても夜型人間には不可能だろうし、時間に制約されて勤務するサラリーマンが礼拝に立つのは無理だと考えるだろう。この礼拝がきわめて自然に行なわれており、社会的に認知され、礼拝場所や足洗い施設などのインフラが存在しているのが、イスラーム圏なのである。

生まれながらのムスリムとは、こうした礼拝をはじめとする宗教規定をごく自然体で実行できるものたちであると言い換えることができる。彼らは日本にやって来ても、日本での生活の中に礼拝を組み込むのであるが、毎日の定刻に礼拝はできなくなり、礼拝場所の確保も容易ではなくなる。そこで、ムスリムたちは礼拝の場所と時間を確保するため、各人で色々な工夫や努力を行なっている。例えば、勤務先の往復路に礼拝ができる場所を見つけたり、時間をずらせて、まとめて礼拝を行なったり、礼拝の作法を簡便化するなどである。

イスラーム国家においても激務をこなす人々は、礼拝を守るのが難しい事態にしばしば直面する。マレーシアのマハティール首相が著書の中で「朝と夜の二回の礼拝に心を集中して祈る」と記述しているのが印象的であった。

こうした対応に誤りがないか、充分であるかなどの検証を求める先がイスラーム法なのである。イスラーム法がムスリムにとって毎日を生きる指針だというのは、こうした現実的な要請に応える機能を持つという意味である。

改宗したムスリムは、ムスリムとしての振る舞いをイスラーム法から学ぶことになる。しかしそれは知識として持っているだけではだめで、実際に毎日の礼拝を行なうなど習慣付けが大切となる。しかも、それは生涯にわたることである。

これはなかなか大変なことで、多くは途中で挫折してイスラームを離脱することになる。ところが、礼拝も何もしなくなっても、自分はムスリムであると称してはばからないものたちもいる。特に日本においては、日本人信徒が「宗教規定」に従い、ムスリムとして最低限の行動を、素直に自然体で、生まれながらのムスリムのように実践するという例は非常に少ない。

私の場合は、イスラーム諸国で過ごした年数が長かったからイスラーム的な作法が身についたが、それでも日本で生活する時にはそれなりの工夫をした。日本人ムスリムとして取るべき態度は、まず日本で受け入れられること、なるべく奇人変人と思われないようにしながら、イスラームが許す枠内の行動に終始することである。私は「礼拝はできる時に行ない、無理をしない。金曜日の合同礼拝はなるべく守る」ことに徹してきた。幸いなことに会社の深い理解が得られて、金曜日の礼拝外出許可を頂いたことに、今でも感謝している。

日本には、ムスリムの絶対数が少なく、ムスリム社会が形成されていない。最近になりイスラーム・インフラがやっと少しできあがって、ゼロからスタートラインについたところと言っていいだろう。

喜捨

喜捨（ザカート）とは、各人の所得に応じて課せられる規定額の税のことである。税額はその対象となる財産や収入源によって異なってくる。例えば、現金収入、農作物、家畜、鉱山資源、商品などに対して徴収される割合が、二五分の一から一〇分の一というように比率が決められている。これはあくまで個人から唯一神に差し出す浄財であるから、当然ながら自己申告である。

税収は、いったん国庫に納められてから、その後、貧困者、戦死者の遺族、孤児や旅人の支援、公共事業などに分与されるが、その管理は通常、宗務省が行なっている。

以上のような「義務の喜捨」以外に、「任意の喜捨」があり、サダカ（Sadaqah）と呼ぶが、これは寄付に近いものである。

現在では、宗務省が「喜捨」を徴収し、財務省管轄下の税務署が国法（税法）に基づく一般税について徴税するという二本立てによる税制を採用している国が多い。

イスラームには、キリスト教会で見られる「献金」の制度がない。モスクは絶対神に向かって礼拝を捧げる場所であり、献金箱をまわすことも、賽銭箱を置くこともしない。

ある時、東南アジアのモスクで金曜礼拝時に箱がまわされたが、そのモスクの修繕費集めとのことで、私がこれまで出会ったたった一回の経験である。だが各地のモスクで金曜礼拝が終わると、外に物乞いが待ち構えてねだる光景は珍しくない。

断食

ヒジュラ暦第九月のラマダーン月の一ヵ月間、日の出から日没まで、一切の飲食を絶ち、忍耐力や自制心を養うのが断食（サウム）である。その間は声を荒らげたり、口論することを慎み、性交渉も禁じられている。断食は、病人、妊婦、老人、旅行者など、守るのが困難なものに対しては免除する規定がある。

断食月（ラマダーン）は太陰暦であり、新月を肉眼で確認してから始まり、次の新月を観察するまでの二九日ないし三〇日間となる。この期間に、当然あると思っていた朝食と昼食がなくなると、改めて人間にとり飲食がいかに大事であったのかを悟る。飽食の時代を反省する良い機会ともなる。

太陰暦に従う断食月の季節は、毎年一一日ほど短くなり、順次ずれていく。だから、冬季に当たる断食は楽であるが、夏季には昼が長く夜が短いので、かなり辛いものとなる。砂漠の環境は特に渇きが激しく、水が一滴も飲めない断食の行事は肉体労働者にとっては難行であるので、イスラーム諸国ではそのために仕事を夜間にまわす便宜を図っている。

私はこれまで何十年間も毎年欠かさずにラマダーン月の断食をしてきたが、日本で不便に感じたことはない。夜食（サフール Sahūr）を取るために寝不足気味にはなるが、サラリーマン生活では、断食といっても「昼食を抜かすだけ」の話であり、大したことはない。ダイエットに苦労する女性や、食餌療法をしている成人病の持ち主の方がよほど辛いだろう。

巡礼

巡礼（ハッジ）はイスラームにしかない独特の行事であり、ムスリムの行動様式を実際に知る上に参考となるので、巡礼の方法を通してシャリーア法がどのように影響してくるのか、特に「マッカ巡礼」を取り上げて詳しく見ていきたい。

1 巡礼の定義

巡礼はアラビア語でハッジ（HJJ）と呼ばれ、その意味は「崇高なものに向かうこと」である。イスラーム法学の定義では「特定時に、特定場所で、特定行事を行なう」ことである。このように時間と空間とを常にはっきりと設定するのが特長でもある。

「特定時」とは、広義には古来のアラブ慣習として、巡礼月をヒジュラ暦の第一〇、一一、一二月としたが、現在は、預言者ムハンマドが行なった巡礼日時の、ズウ・ハッジ月（一二月）の九日、一〇日、一一日から一三日までの五日間である。特に第九日目が重要視されており、この日の行事に遅れて参加できなかった者は、同年の巡礼者と認定されない。また、その特定日以外に巡礼を行なうものは「ウムラ（Umrah）」と呼び、「ハッジ」と区別される。

「特定場所」とは、マッカ、アラファト、ムズダリファ、ミナであり、儀式を行なう聖地をさす。

「特定行事」というのは、巡礼の基本となる次の四行為である。

①イフラーム（Ihrām）…白衣に着替え、巡礼の意図を確認すること。

②ウクーフ（Wqūf）…アラファト野に立って悔い改めること。

③タワーフ（Tawāf）…カアバ神殿を七回めぐること。

④サイー（Sa'y）…マルワとサファーと呼ぶ二つの丘の間を七回歩くこと。

この四儀式が義務（ファルド Fard）とされ、その一つでも欠けると巡礼は認められない。

「巡礼をする者の条件」は次のように定められている。

①成人であること（幼児は巡礼の意味が理解できないために認めない）

②正常人であること（知的に障害を持つものはその必要性がない）

③儀式や旅行が可能であること（健康や経済状態に恵まれないものは免除される）

④女性には保護者の同行が必要とされている（巡礼の長旅には危険が伴う場合もあり、今でも混雑がひどいの

で女性単独は適さないとされた)
⑤ムスリムであること(異教徒の巡礼参加は不必要であり、興味本位で聖域へ入った者は断罪に処せられる)

「巡礼の意義」は、絶対唯一神アッラーへの帰依をより深めるために、神聖な定めの地で唯一神を崇拝(イバーダ Ibādah)する儀式を行ない、この行事を通して全世界のムスリムが、人種、国境、身分などの差別なく、同じ白衣をまとい一堂に会して互いの友好や信頼を確かめ合い、兄弟愛や相互扶助の精神を育むことにある。

2 巡礼行事の始まり

巡礼者がアラビア半島へ入り最初に行なうのは、巡礼に設定されている境界線(ミーカート Mīqāt)の確認である。この境界はマッカを中心にして東西南北に定められており、どの方向からマッカへ向かうかにより、各ルートに応じてそれぞれ異なった境界を選択する。

例えば、遠くは東南アジアやインド、近くはイエメンなどの、マッカ東方から入る巡礼者たちは、紅海岸にあるヤラムラム山が境界となる。また、エジプトや北アフリカの人々など西方からマッカへ向かう者には、紅海に面したラーブグの町が目印となる。これは預言者の時代から定められており、境界に近づいた巡礼者は一斉に行動を起こすのである。

巡礼者はまず預言者の言行(スンナ)に基づいて全身沐浴を済ませ、爪を切り、毛を剃り落としてから「巡礼衣(イフラーム Ihrām)」に着替える。巡礼衣とは、男性用が縫い目のない二枚の白布であり、一枚は上半身を、他は腰巻きのように下半身を覆い、それ以外は一切身につけてはならない。ただし、腰バンドの使用は許されている。女性は、通常の着衣であるが色は白いものを用いる。巡礼衣は、死装束を象徴し、世俗事の一切を断ち唯一神を念ずるために着衣するのである。

巡礼衣に着替えることはホクム（判断基準）における「義務行為（ワージブ）」となっており、もしそれに反した場合は罰として犠牲を捧げなければならない。着衣してからは、次のような禁止事項（マハズゥル Mahdhūr）が課せられる。

①髪の毛や爪を切ること
②頭部を覆うこと（男性のみ）
③縫い目のある衣を着用すること（男性のみ）
④香水を用いること
⑤手袋を使うこと（女性のみ）
⑥顔を隠すベールを用いること（女性のみ）
⑦動植物を殺生すること
⑧異性へ意図的に触れること
⑨婚約を行なうこと
⑩性的な行為を行なうこと

これらの禁止事項を破った場合は、同じく罰として犠牲を捧げることになる。ただし、⑩に関しては巡礼そのものが無効となる。

マッカへと向かう巡礼者は、「ラッバイカッラーホンム、ラッバイカ…」という巡礼時のみに使う念唱をとなえる。かつて預言者は、夜になる時、日が明ける時、風が吹く時、時に応じ、心に応じて合唱するように勧めた。これは「推奨される行為（マンドゥブ）」に属するが、巡礼衣での生活において雑念を去るため、できるかぎり唱えるのがよい。

ちなみに巡礼行事のやり方は西暦六三二年、預言者ムハンマドが最後に行なった別離の巡礼の形式がそのまま踏襲されている。

マッカ聖域に入ると念唱の声はいよいよ最高潮に達する。マッカは海抜約二八〇メートルの谷あいに発展しただけに、立体的な町であり、様々な方角へ縦横に伸びた小路はみな、坂や階段に連なっている。

その街の中央に見事な装飾をこらした聖モスク（マスジド・ル・ハラーム）が位置する。聖モスクは、拡張につぐ拡張を行ない、今では二〇〇万人の信徒が一堂に収容できる敷地を持つ。中心には、すべてのムスリムが礼拝の的として仰ぐカアバ神殿があり、神殿を取り囲んだ円周、イブラヒーム（アブラハム）の立ち処、聖泉ゼムゼム、外側回廊から、マルワとサファーの二つの丘を結ぶサイー路も併合した東西に長い巨大なモスクである。

3 巡礼儀式について

「タワーフ（Tawāf）」とは、カアバ神殿の周囲を歩いてまわる儀式である。有名な黒石が嵌め込まれた神殿の北東角を起点とし、時計の針と逆方向に七回まわる。

カアバ神殿は高さ一五メートル、南北の幅一二メートル、東西に一〇メートルの四角の石造建築物である。神殿の北東角に銀縁で護られた黒石が埋め込まれている。東壁面に神殿の入り口があり、黄金で装飾された扉が、床面から二メートルの高さに位置している。神殿建物は、コーランの章句が縫い取られた黒い絹布で常に覆われており、これは毎年新調される。

神殿まわりの意義は、礼拝と同じように唯一神を崇拝する行為であり、異なった形式とされている。注釈では天上で神の玉座を天使がまわるごとく、人間も地上の聖殿をまわるものと言われ、七の数については七層の天、天体の七星、一週間七日から採ったとの諸説がある。

行事の最初から最後まで、一挙一動に細かい規定があり、「神は偉大なり（アッラーフ・アクバル）」と三度大声で叫び、素足の右足から先に踏み込み人波に身を投じるのである。

大理石を敷き詰めた神殿周囲での人波の圧力はものすごく、底力ある祈りの声が押し包み、たちまち熱狂の渦中に巻き込まれる。照りつける太陽のもとに、神殿の黒い布（キスワ　Kiswah）と人々の白衣がグルグルと回転し、巡礼の感動が最高潮に達する。

神殿七回まわり（タワーフ）の種類には、マッカに着いた時に行なう「到着のタワーフ」、巡礼月（ハッジ月）の犠牲の日にミナ谷より戻って行なう「第一〇日のタワーフ」、マッカを立ち去る時にする「別離のタワーフ」の三種類があり、これらは「義務行為」である。一方、マッカ滞在中に毎日行なうのは「任意のタワーフ」と呼ばれ、「推奨される行為」の範疇である。

七回まわりを終えた後は、神殿扉壁に面するイブラヒームの立ち処（マカーム）の位置に向かい、そこで礼拝を済ませるとタワーフ儀式は終了する。

「サイー（Sa'y）」とは、二つの丘、サファーとマルワの間を七回歩く儀式である。これはその昔、イブラヒームの妻ハージルが乳飲み子を抱えながら水を求めてさ迷ったという故事にちなんで行なう。子供を抱いたハージルとは、重荷を背負って歩む人間を象徴しており、この儀式を行なうことで唯一神からの慈悲と加護を求めるのである。

かつては青天井であった二丘の間、四五〇メートルも、直射日光を遮る大回廊ができ、今では二層の往復路となっている。何万という巡礼者が往復しながら祈る声が回廊に反響して壮大である。

「ウクーフ（Wqūf）」とは、マッカから東へ二一キロ離れたアラファト野に行き、その地に立って罪を悔いる重要な行事である。ハッジ月九日になると、すべての巡礼者はメッカを出発してアラファトへ向かう。広い原一面に見渡す限り、何千という天幕の白い花が咲き誇る。

神はこの日人類に慈悲を与え給うと言われている。この恩典については、例えば「罪深き者、アラファトの野に立たなければ赦されることなし…」などハディースに多く言及されている。

マッカの方角へ向かい、巡礼者たちが今までに犯してきた罪を悔いながら、涙に濡れる様子はまことに劇的な光景である。巡礼者は日没までアラファトに留まらなければならない。

ムズダリファでの宿泊が、その夜となる。日が落ちると白い天幕の花はまたたく間に閉じていく。暮れた闇の中を長い長い車の列がミナ谷を目指して移動していく。車はムズダリファで停まり、そこで一夜を過ごすのであるが、その間に翌日以降の石投げ儀式のために小石拾いをする。小石は小指の先ほどの大きさで、一〇日目の七個、一一日から二一個が必要となり、一応一三日までの分として総計七〇個を集めるのである。落として失うことを考慮に入れて数個は余分に拾っておくことになる。

「石投げ（ラミー・ジュムラ　Rami al-Jumra）」は、日の出と共にミナ谷にある悪魔の大石標に行き、それに向かって小石を七個投げつける儀式である。石標は悪魔の象徴と見なされており、石を投げつけることで悪を遠ざけると説明される。

ミナ谷には大中小と三つの悪魔の石標が鎮座しているが、第一〇日には大石標のみを打つ。一一日、一二日はミナ谷に宿泊して、三悪魔に対して石投げ儀式を行なうことになる。石標付近はのぼりを立てた団体が繰り出し、すごい人込みとなり、押し潰されかねない勢いで、実際に怪我人が出るのもこの場所である。

一二日目の石投げを終えれば、ミナから立ち去ることができる。しかし日没までミナに居残った巡礼者には、一三日目の石投げ儀式が義務として課せられる。

この石投げ儀式は、日本の節分豆まきの風景によく似ている。小石の大きさも大豆の大きさであり、鬼の代わりに悪魔を打つのである。ただ、大声で叫ぶ文句の内容が異なっている。日本の場合は「福は内、鬼は外」とあくまで自分（人間）主体だが、イスラームでは「アッラーは偉大なり」と唯一神を称賛するのである、

4 巡礼行事の終わり

「髪を剃るか、短くすること（ハラク　Halaq，タクシール　Taqsir）」は、巡礼衣を脱ぐ時に行なう義務

行為である。ウムラ（小巡礼）とハッジ（大巡礼）を一緒に済ませるかどうかで三方法（一緒にする、別々にする、大巡礼のみする）あるが、小巡礼の終了は、サイー儀式が終了時に髪を短くする。だが大巡礼の時は石投げ儀式が終わった時に髪を剃り落とすことになる。これで巡礼衣（イフラーム）から普段の服装へ着替えができる。

この第一〇日はマッカへ行き神殿七回まわり（タワーフ）を済ませてから、再びミナへ戻ってこなければならない。すべての巡礼者は、ミナの谷に寝泊まりすることになる。

ミナ谷には、犠牲を捧げるために定められた屠殺の場所が一角にある。犠牲の由来は、コーランにも啓示されたが、旧約聖書でアブラハムが我が子を神に捧げようとした故事に基づいている。山裾に広がるその原には山羊、羊、牛、ラクダと無数の犠牲が散乱する。

「別離のタワーフ」を済ませることで、巡礼儀式のすべてがつつがなく終了したことになる。これにはサイー儀式がなく、最後にカアバ神殿の壁に触れながら別れの祈禱を捧げる。巡礼者の多くは別れを惜しんで、壁にすがりつき泣いている。

「推奨される行為」としては、神殿の黒石に接吻するのが望ましいが、現在では巡礼者数が余りにも多いためにその実行は至難となっている。黒石はイブラヒームの時代に空から降ってきたと伝えられ、隕石と思われるが、古代アラブの星辰、聖石崇拝の名残りと解釈されている。

偶像崇拝を極端に否定した預言者が、なぜ黒石を取り除かずに、あまつさえ巡礼の時になぜ接吻までしたのかが問題とされた。だが二代カリフ、ウマルはこう断言した。「黒石は何ら益なく害もないが、我らは聖預言者の慣習（スンナ）に従いくちづけをするのである」と。

イスラーム法行動規定

「行動規定」は、ムアーマラート（Mua'malāt）と呼ばれ、多岐の分野にわたるが、主な項目として以下のものがある。

1 民法関係

結婚（ザワージ Zawāj）に関する明確な規定がある。結婚に対するイスラームの基本認識は、肯定的で奨励すべきとの立場であり、他宗教に見られる独身主義を否定している。結婚に際しては女性の意志が尊重されており、例えば、未婚の女性には必ず同意を確認すること、もし恥ずかしさで答えられない場合は、沈黙を同意とみなすという心遣いまで明記されている。

結婚経験のある女性は本人の意思が優先され、後見人の意見よりも強いとしている。

禁止される結婚には、近親婚、姻戚関係にある親族との婚姻、同時に二人の姉妹との婚姻などがあげられている。

また、有名な「一夫四妻制度」であるが、これはイスラーム以前にあった無制限の多妻を禁じたものとして意義がある。現に預言者が最初の妻ハディージャを亡くしてから結婚した相手はほとんどが寡婦（未亡人）であり、当時の過酷な生活の中で経済的な支援の意味合いが強かった。その証拠には「四人を平等に取り扱うこと、それができなければ一人にしなさい」と、コーランに明記されている。言い換えればこの「平等」が物理的にも、精神的にもきちんと実践できる男でないとこれは実現しない。それが容易でないことは、すぐおわかりであろう。有名な「ハーレム」は全く例外的なものなのである。

離婚（タラーク　Talāq）は、正式に認められており、離婚の申し立てが男女双方からできる。離婚に際しては、夫が妻に結納金の半額を支払うことになる。また、その時に女性には「イッダ（Iddah）」という「再婚待ち期間」が命じられる。これは二回の月経を確認する期間であり、妊娠のないことを確かめてから、女性が自由に再婚できる。これが出生児に対する配慮であることは言うまでもない。

授乳（ラダーア　Radā'a）の項目では、乳母、乳兄弟の関係を述べている。この乳縁は血縁関係と同じように扱われ、婚姻を禁じている。ただし、財産分与などの相続権はない。

遺産相続（ファラーイド　Farāidh）については詳細な規定が盛られており、女性の相続権や財産処分権が明記されている。特にコーラン、第四、女章、七―一二節には配分率に至るまでの詳しい啓示がある。

汝らの子供に関してアッラーは、こう命じられる。男子には女子の二人分を。もし女子が二人以上の場合は、（彼女らは）遺産の三分の二をもらう。女子が一人きりの場合は、彼女のもらい分は全体の半分。…

遺言（ワスィーヤ　Wasīyah）につき、例えばイブン・ウマルが使徒から聞いた伝承として、以下が残されている。

ムスリムが遺言を望んだときは、三晩過ごしてみて決心が変わらなければ、その遺言を正式な書類として書き留めることが必要である。

これらの民法関連規定は、イスラーム諸国で今なお受け継がれ、適用されているのである。

2 商法関係

売買（バーイア　Bai'a）は、商取引に関する注意事項を定めている。当時は貿易が盛んで、底流に形式を重んじた契約の精神があり、内容を書面にするのを勧めている。また商道徳として、計量をごまかしたり、不正な手段で他人を出し抜いたり、最初に確認が済んでいない品物の売買を行なうのを禁じた。

土地使用については、ジャービルが使徒から聞いた以下のハディースが参考となるだろう。

土地を所有する者は、耕すべきである。もしそれが不可能ならば、ムスリムの兄にただで与えなさい。だが、賃貸して地代を取ってはいけない。

不労所得を禁じる精神は、不当な利殖である高利な利子（リバー　Ribā）を厳しく戒めている。イスラーム諸国で有名な「無利子銀行」は、イスラーム法と近代銀行を折衷させた方向である。

その他に、貸借（イジャーラ　Ijārah）、抵当（ラハン　Rahan）、贈与（ヒバ　Hibah）などの規定がある。これらイスラーム法の精神は商法の基本として生きているが、時代の経過と共に商慣習が変遷したことから、近代商規定が順次導入されて、各国とも現在に適応する商法で運用されている。

3 刑法関係

コーランに明記されている実定刑罰（フドード　Hudūd）には、以下のものがある。

①背教罪（リッダ　Riddah）…イスラームから離脱し、その教えを棄て去ること。これは重罪となるから、生半可な気持ちでの入信や改宗は許されないことになる。宗教は寛大である反面に厳しさを持つもの、と知る必要があろう。

②強盗罪（カタア・タリーク　Qata'a Tarīq）…武力や暴力で旅行者などの財物を奪うこと。

③姦通罪（ズィナー　Zinā）…男女が不義の私通を行なうこと。一夫四妻制で、離婚も許可されているので、社会秩序を乱す姦通は厳禁されている。

④窃盗罪（サリカ　Sariqah）…他人の財物を盗むこと。

⑤中傷罪（カザフ　Qazf）…無実のことを言い他人の名誉を傷付けること。

⑥飲酒罪（シャリブ・ハムル　Sharb al-Khamr）…飲酒は肉体と精神を錯乱させるとして禁止されている。

刑罰としては、同量報復刑（キサース　Qisās）が知られており、故意か過失かの認定を行なった後に、故意の場合は、殺人には死刑を、傷害には同害の刑に処する。しかし、過失の場合や、刑の執行の代わりに贖罪金（ディーヤ　Diyah）の支払いで済ますことが勧められており、その金額は罪の軽重により異なる。

また、上記の罪に対する刑罰は、背教罪、強盗罪は死刑、姦通罪は石打ちまたは鞭打ちの刑、窃盗罪は右手切断の刑、中傷罪、飲酒罪も鞭打ち八〇回の刑という厳しいものである。だが、今日では、実際に上記の形式を踏襲して刑の執行を行なう国は、サウディアラビアなどごく少数となり、刑務所の制度を採用する国がほとんどとなっている。

4 司法関係

裁判（カダー　Qadhā）に関しても詳しい規定がある。裁判官のあるべき態度、判決の確定などの例では、伝承者のアブー・フライラが語ったハディースは以下の通りである。

判事が裁く時は、法的な論理的推論を行なって判決を下すこと。それが正しければ彼には二倍の報酬があり、そうでなくとも一回の報酬がある。

また、別の伝承者が伝えたハディースは、次の通りである。

人は誰でも(裁判官でも)怒っている時に、両者間の裁きをしてはならない。

その他、訴訟(ダーワ Dāwah)、証言(シャハーダ Shahādah)、宣誓(ヤミーン Yamīn)などが含まれている。

司法制度は、シャリーア法廷が多くの国に存在するが、今日ではその管轄分野を民法だけに限定するところが多い。

こうしたイスラーム法は、いずれもコーランおよびハディースを根拠とする。ちなみにコーランの中から関係する句節を抽出してみると、民法関連と商法関連がいずれも約七〇節で、刑法関連が約三〇節、司法関連が約二〇節だという。

第八章

イスラームの歴史

イスラームの一番大きな特色は、他の宗教のように伝説や神話を基盤としていない、現実の世界史に裏付けられた歴史宗教であるということである。衆人注目の預言者ムハンマドが啓示を受けたのは西暦六一〇年であり、それから逝去する六三二年六月九日までの二三年間のあいだに、イスラームはそのすべてが確立された。この限定された歴史の区間において、イスラームは既成宗教として完成したのである。これは預言者自身が、別離の説教の中で確認したことでもある。

今日、我は、汝らのために、汝らの宗教を完成し、汝らの上に我が恩典を全うして、汝らのためにイスラームを教えとなさしめた。（コーラン、第五、食卓章三節）

この啓示が下された時、教友アブーバクルは思わず落涙したという。それから八二日目にムハンマドはこの現世に別れを告げた。預言者の啓示は、一字一句誤りなく記録されて、「コーラン」としてまとめられ、その言動は三〇万を越える伝承から、ひとつひとつ厳密に検証された後に「ハディース」に収められた。こうしてイスラームは完成した形で人類に残されたのであり、今後二度と預言者が出現しないことを宣告したのである。

これが意味する内容はすこぶる重い。人類にとって、神に関する知識を得る道は、預言者が出ないことで、永遠に途絶えたと言える。人々は既に得たこれまでの情報を基にして、「自らの努力で神の意図を咀嚼し理解していかなければならない」ことになる。

端的に言うならば、ムスリムにとりイスラームを知るということは、コーランとハディースを通して歴史事象を把握することに等しいのである。七世紀の史実を極限まで探求することが、イスラームを理解することに他ならない。そして更なる歴史の確認として、預言者の没後から現在に至るまでの時間軸を辿ることを重視する。それは未来を予測するムスリムにとり不可欠な作業でもある。

イスラーム学者は特に預言者と四代カリフの時代を、「イスラームの黄金時代」と称して理想的な模範としている。預言者ムハンマドの没後、イスラーム社会の統治はカリフ（預言者の代理者）に委任された。預言者は最後の息を引き取る前に、「礼拝のイマームはアブーバクルにさせよ」と命じた。こうして預言者の代わりを務めるカリフが現れる。

初代カリフ、アブーバクルの時代（六三二―六三四年）

預言者に最も近い教友として、生涯を預言者に尽くしたアブーバクルは、西暦五七二年生まれでムハンマドより二歳年下だった。コライイシュ族タイム家の出身であり、中規模の反物商売を堅実に営み、人柄の誠実さゆえに、シディーク（Siddīq　信用できるもの）の通称で知られていた。預言者の言葉は疑うことなくすべてを受け入れ、マッカからマディーナへ聖遷した時に同行した唯一人の供であり、彼の娘アーイシャが預言者の妻となるほどに親しい間柄であった。

アブーバクルは悲しみに打ちひしがれながら、人々へ預言者の死を報せた。

「預言者ムハンマド様は、確かにお亡くなりになった。だが、アッラーを信ずる者に、アッラーは永遠に生きておられ、決して死ぬことはない」と。

翌朝火曜日にアブーバクルは教友ウマルとモスクへ入り、説教壇に上ったが、預言者に畏れ多いとして一段低い位置に留まり、それ以上決して足を進めなかった。

アブーバクルの所見は明快であった。

「私はあなたがたの統治者とはなったが、必ずしも優れてはいない。私が正しければ協力せよ。もし私が誤れば正してほしい。私がアッラーとその使徒に従う限り、私に従ってほしい。もしそうでなければ私に従う義務はない」

人々は新しい代理者の手の上に手を重ねて忠誠を誓った。こうした誓い（バイア Bai'a）の形式はそれまでも預言者の時代からなされていたが、連帯意識をより強めることが要求された。アブーバクルが自らに課したのは、演説にあるよう「カリフの無謬性」であった。

カリフの責任は重く、その任に当たる個人の資質には厳しい条件が必要とされた。まず知性に優れ、必要な知識を有し、健全な心身と公正な判断力を持ち、地域（ウンマ）を防衛する勇気ある成人男子のムスリムでなければならなかった。当時はこれらの条件に加えてコライシュ族出身という項目があった。

カリフの選出はマディーナ住民の総意に基づくものであったが、後世にはそれが次第に形骸化されて、世襲や自称カリフという形式だけの踏襲となっていく。

1 イスラーム共同体の危機

預言者ムハンマドの訃報がアラビア砂漠を駆けめぐると、各地方で納税（ザカート）の免除や支払いの拒否など、義務を放棄する部族が出はじめた。

しかしそれ以上に危険なのは背教（リッダ Riddah）の動きであった。イエメンのアスワド・アンサーや、中央砂漠ヤマーマ地方のムサイリマなど、自らを預言者と名乗る背教者たちが出現したのである。それらを放置したならば、イスラーム帝国は崩壊する。カリフ・アブーバクルの役目は重かった。

アブーバクルがまず着手したのは、預言者が既に計画していた、ウサーマを指揮官とするシリアへの派兵であった。多くの者は、この機会を狙い砂漠の遊牧民がマディーナを襲う危険性があると指摘して、思いとどまるように勧めた。だがアブーバクルは何よりも預言者の意思を尊重するとして、派兵を実行した。遠征軍の出陣はカリフに就任した翌々日のことであった。

そして、周辺部族の夜襲を撃退しながらウサーマ軍団は四〇日後に勝利の凱旋をして、ムスリムの強さを人々に示したのである。

次なる戦闘は、砂漠に散らばる背教徒の討伐であった。アブーバクルは、出撃前の兵士たちに次のような忠告を与えた。

「敵地に着いたら、まず礼拝時刻を待つこと。礼拝呼び出し（アザーン）の声が聞こえたならば、戦わずに話し合うこと。聞こえなければ改悛を呼びかけ、応じたらよし、さもなければイスラームに戻るまで戦え」

こうして、アブーバクルはアラビア半島を制圧してから、ササン朝ペルシャ帝国の支配下にあったイラクと東ローマ、ビザンチン帝国が治めるシリアへの進撃を下命する。中でも六三四年七月三一日に展開された歴史に名高いヤルムーク戦役では、ローマ軍二四万に対して、アラブ軍は四万の軍勢にもかかわらず、よく勝利をおさめた。

これらの戦役でひときわ活躍を見せたのが、預言者から「アッラーの剣」との異名を拝した勇将ハーリド・ビン・アルワリードである。武人の家系であるマハズウム家に生まれたハーリドは、イスラーム改宗前にはムスリム勢をウフドで破った立役者でもあったが、改宗してからはその勇猛果敢な働きで、イスラーム軍を常に勝利に導いた。

2 アブーバクルの業績

カリフ、アブーバクルが命じたのは「コーラン」の取りまとめである。特に偽預言者ムサイリマとの戦いで、コーラン暗誦者の七〇名余りが殉教したことがきっかけとなった。

それを憂いたウマルがコーラン編纂を進言したのであるが、最初アブーバクルは預言者の指示がないからとためらいを見せた。だが、コーランの消失を防ぐのがより重要であることを認識し、ザイド・ビン・サービトに命じて、信徒の暗誦と筆録により保持された啓示を収集させた。

ザイドは、モスクの入り口に座り、木版やナツメヤシの葉に書き留められた啓示を点検したが、その際に必ず二人の証人が正しい旨を証言するという条件を付けさせた。

こうして細心の注意を払いながら、記録と暗誦された啓示を相互に照合して書きとめ、一年を費やして書冊に纏め上げたのである。

初代カリフ、アブーバクルによる統治の基本姿勢は、あくまで預言者の意志を汲んで、完璧なまでに従順するというものであった。その典型例が、預言者の家族に対する遺産問題である。預言者の娘ファーティマが、父の所有する小さな土地を遺産として求めた時、アブーバクルは、この申し出を拒否した。「預言者は財産を残さず、残ったものは寄付（サダカ）となる」という伝承がその理由であった。アブーバクルは、生前の預言者がそこの土地から上がる収穫物を愛娘のファーティマに与え、残りを貧者に分けており、今ファーティマが家族のためにその土地を必要とすることをも理解していた。しかし預言者の言葉は「法」であり、その法を超えてはならない。法の遵守が何よりもアブーバクルにとり優先したのである。このためにファーティマとの間にしこりが残ったが、それも仕方ないことであった。

さらにアブーバクルが自己を律したということで注目すべきは、カリフ就任後も以前と同じように反物商売で生計を立てようとしたことである。だが全ムスリムを統治するカリフ職に専念してもらうため、彼には国庫から生活費や乗用ラクダが支給された。カリフの給与は配下の担当者が決めていた。アブーバクルの遺言は、水汲みラクダと召使いと彼の衣服が残っているから、それらを国庫に返すようにとの指示であった。

このような高い倫理がイスラーム発展の基盤となったのであり、社会規範を維持する原動力であった。またアブーバクルが率先して示した「預言者へ忠実に従う」という態度が、その後ムスリムの取るべき指針となったのである。

第二代カリフ、ウマルの時代（六三四―六四四年）

アブーバクルは死期が近づいた時に、教友たちを集めて、後継のカリフにウマル・ビン・アルハッタープの任命を誓約させた。五八一年に誕生したウマルは、コライシュ族の中で代々読み書きをこなし部族間の調停役を務めるアディーユ家の出身であった。

身の丈高く威風堂々としたウマルは、激しい気性の持ち主で知られていた。初期には反ムハンマドの急先鋒となり伝道を妨害したが、六一六年、妹の家で読んだコーラン啓示に感動して入信、四〇人目のムスリムとなった。純粋で人一倍正義感が強いウマルは、カリフとなる演説の時、アブーバクルより更に下段の説教壇に立ち、人々へ語り掛けた。

「指導者となり、すべての事柄を公正に行なう。善いことをする人にはアッラーが善を、悪を行なえば罰を与える。私が厳しすぎれば優しく、弱ければ強められるようアッラーに願い奉る」

ウマルは唯一神アッラーを畏れ、地位にとらわれず、現世の物欲を否定する態度に徹したのである。

この頃、ウマルを取り巻く時代の環境は厳しいものがあった。ムスリム軍団とペルシャ勢およびローマ軍との戦闘は方々で続行中であった。ウマルはイラクへの派兵を行ない、指揮官にこう訓示した。

「状況がハッキリするまで手柄を焦ってはならない。戦いの勝利は、攻める時と防ぐ時をよく知る者にのみもたらされる」

こうしてウマルはイスラーム共同体の基礎を築くことに専念した。

1 イスラーム版図の拡大

イラクでは六三五年に背水の陣で苦戦を強いられた「橋（ジスル）の戦役」と、ペルシャ大軍に対して劇的な大勝利をおさめた六三六年の「カーディシーヤ戦役」が知られる。ササン朝ペルシャはこの敗戦で滅び、イスラームの旗がイランの地に翻ったのである。

ウマルが命じたのは、アラブ軍団の駐屯地を建設することであった。新たな都市（アムサール Amsār）の建設は、古い慣習を持つ現地民の住む旧市街と隔離して、行政の中心にイスラーム生活を基盤とする新天地を打ち立てるものであった。砂漠の過酷な環境からイスラームを携えて遊牧民の家族が移住したのであり、その数はウマイヤ朝初期の記録によると一〇〇万以上に上ったと推定されている。イスラームの秩序と統制による発展には、このような方法が採用されたのである。

バスラ市は「白い石の多い土地」を意味するが、教友のウトバ・ビン・カズワーンにより、六三八年にチグリス・ユーフラテスの合流地点に建設された。

クーファ市（乙女の頬の意）も同年に、サアド・ビン・アブーワカースにより、ヒーラの町近くのユーフラテス川岸に建設された。高台にまずモスクを建て、日干しレンガで家屋を新築し、ペルシャ宮殿を建造した職人の手で立派な官舎を作った。ウマルはサアドへ書簡を送り「貴殿の館は、サアドの城と呼ばれているそうだが、人々との間に扉を置いて自由な出入りを妨げてはならぬ。ムスリムの長に必要なのは、質素な家と、公共財産を保管する倉庫だけである」と忠告した。サアドはその命に従い、直ちに住居を替えたという。

一方西方ではイスラーム軍がローマの大軍を破り、シリア全土を征服する。六三八年のエルサレム攻撃に際してはウマル自らが援軍と共に参戦した。その途中で作戦会議を開くために彼は全指揮官を招集したが、その時に華美な服装で馳せ参じた指揮官をひどく叱りつけたという。

エルサレム占領に際しては、敵方の長老が降伏を望んだのでそれを受け入れ、条件に人頭税（ジズヤ）さえ支払えば生命、財産、居住、信仰の自由を保証するという寛容さを示した。カリフ・ウマルは征服者の将軍ではなく、神を畏れるムスリムとして市民に接したので人々の信頼を得たのである。

市内を見回る途中で礼拝時間が来て、キリスト教長老は教会の中で祈るように勧めたが、ウマルはそれに謝辞を述べて断り、外の広場に敷物をひろげて礼拝を行なった。その場所が現在エルサレムにあるアクサー・モスクである。

その後ウマルはベツレヘムを訪れ、キリストが誕生した教会を訪れたが、その場所をムスリムの集団礼拝に供さないよう指示を出している。これはイスラームが他の宗教に対して公正と寛容であることを示すものであった。

六四一年、ウマルはアムル・ビン・アルアースに命じてエジプト攻略を行なわせ、全土の掌握に成功する。コプト教徒の地エジプトもイスラームの旗印の下に新生していく。

2 ウマルの業績と人柄

カリフ・ウマルは各地の統括にあたり、有能な行政官を任命した。更に租税の徴収や戦利品を管理するために「ディワーン（役所 Diwān）」制度の設立を命じている。

ヒジュラ暦を制定したのもウマルである。ムスリムが使用する年号を必要とした時、その起算日を預言者がマディーナへ移住された日に決め、逆算で太陰暦を計算させた。ヒジュラ暦元年の元旦が西暦六二二年七月一六日と定められたのは、ヒジュラ暦一六年のことであった

今やイスラーム帝国に君臨する大きな権限を持つカリフになったにもかかわらず、ウマル本人は生活全般にわたり極めて質素であり、一年を通して夏冬二着の粗末な衣をまとうだけで、家族にも厳しい節約を申しつけていた。ある日、病気に倒れた時、倉庫に保管されていた蜂蜜の使用許可を求めるほど律義であった。

ウマルは常に人民の信頼に守られて自由に行動ができる為政者を志していた。特に人知れず行なった「カリフの夜回り」はその人柄を如実に物語る。町中に盲目の老婆がいれば自ら訪れ、身重の女性が陣痛に苦しんでいるのを見れば妻に助けさせ、ひもじい家族がいれば食料を与えるなど、細かい配慮をしたことが伝えられている。

立派な宮殿を期待してペルシャやローマから赴いた客人たちは、マディーナで護衛もなしに普通の家に住むカリフに驚きの声を上げたという。

だが六四四年一一月、朝の礼拝時に悲劇が起こった。礼拝列の後方から男が飛び出すと、隠し持っていた短刀でウマルを刺したのである。取り押さえようとした数人に怪我を負わせ、犯人はその場で

自害した。中断した礼拝は他の導師（イマーム）に引き継がれた。

自宅へ運ばれたウマルが意識を取り戻して尋ねたことは、朝の礼拝を人々が無事に済ませたかという確認と、襲った犯人が誰かということであった。自害した下手人がペルシャ人キリスト教徒と知り、彼は「アラブ人でなかったことを感謝する」と安堵の胸をなでおろした。

ウマルは後継者として六人の名前を挙げ、話し合いでカリフを決めるように指示を与えると、殉教の喜びのうちに永眠した。

ウマルは、進取の気性に富んでおり、実利を正しく選択して、役立つならば新しい制度を導入することに積極的であった。イスラーム法を超えない範囲で、新たな事態に対処していく姿勢、すなわち時代に適応するイスラームの柔軟な順応力につき、カリフ自らが模範を示したのである。

第三代カリフ、ウスマーンの時代（六四四―六五六年）

指名された六名の中で誰をカリフにするか、三日間にわたる協議が続き、その結果ウスマーンとアリーの二人が残り、最後に、広大な帝国を統治するカリフとして、ウスマーンが選出された。

既に齢七〇歳に達していたウスマーンは、コライシュ族ウマイヤ家に属する豪商の家に生まれた大地主であり、交易に従事して、巨額な利益を上げていた。礼儀正しく、むしろ恥ずかしがりやの優しい性格で知られた彼は、早くからイスラームに改宗し、苦労によく耐えて、預言者の娘ロカイヤと結婚した。

ウスマーンは商才に長けており、マディーナで預言者モスクの拡張費用を全額受け持ったほどであった。六二四年に妻ロカイヤを失ったが、その後預言者のもう一人の娘ウンムカルソウムを娶ったので「二光の主」との綽名をもらっている。

ウスマーンの治世にイスラーム世界の版図は更に広がり、ベルベル人との戦いに勝利して、北アフリカも手中におさめた。帝国の拡大には様々な人種、言語、慣習の混在が免れず、その統治の基盤となったのがイスラームであった。イスラームは来世を説くと共に、現世の差し迫った問題の解決に迫られた。そのためにはイスラーム法の整備が必要となっていた。

しかし、遠く離れた地域では、アラブ人統治への反発が激しかった。イスラームを教示した頃はまだよかったのであるが、住民が改宗して自らもムスリムとしての発言権を持つようになると不満が出てきた。公正と平等を謳うイスラームにおいて、なぜ派遣されたアラブ人だけが統治責任者となり、地元の出身者がその任に当たれないのかということである。

さらに、新しい版図に作られた共同体の中で、イスラーム的でない部族意識がまた台頭してきた。最初はイスラームの寛大さに満足していた異教徒が、やがて人頭税の支払いに不平を述べるようになり、騒乱を画策するものが出始めた。また各都市に莫大な富が集中することにより、節制と禁欲が薄れ、贅沢な生活が一般化して現世の欲望が強まっていった。

1 ウスマーンの業績

こうした状況の変化の中で、年老いたカリフ・ウスマーンの統治は、意図したものと違った方向に向かっていった。ウスマーンは生涯を富裕で過ごしたし、また富におぼれない性格であったから、財の入手が合法ならば贅沢な暮らしを禁じることはなかった。これは節制を重んじ禁欲を旨とした前カリフ・ウマルと大きく違っていた。豊かな生活を送る正当性を認めたことが、信仰の薄い者たちに物欲を増長させる結果を招いたのである。

ウスマーンは各地方の統治者へ書簡を送り、住民への義務の徹底や勧善懲悪の実施を行なうよう命じると共に、行政を強化するために統治者の交代を命じた。ところがそれは、意図的ではないものの、結果的にはウマイヤ家出身の地方統治者を増やすことになった。

特にシリアを統括したムアーウイヤは、実権を貯えて大きな権力をふるうようになった。イスラーム海軍の創設はウスマーン時代であり、ムアーウイヤが提案したものである。六四八年のキプロス島攻略に際してこの海軍は実力を見せつけ、シリアが占める地位と権力は相対的に上昇した。

カリフ・ウスマーンの業績として知られるのは、コーランの編纂である。イスラーム世界が拡大したのはいいが、各地においてコーランの読み方に誤りが生じてきた。ウスマーンは再度、編集者としてザイド・ビン・サービトを呼び、アブーバクル本を基にして七冊の写本を作成して各地へ送り、原本はマディーナに保管した。また写本と共に優秀なコーラン暗誦者をそれぞれに派遣して、朗誦の統一を図った。

各地に分散された暗誦者たちはその地に留まり、地方の学者と一緒にイスラーム学の研鑽に努力して独自の発展を遂げることになる。だが、これは反面、マディーナによる中央集権制度を弱める遠因となったのである。

2 理想政治からの乖離

カリフ・ウスマーンの温和な性格は、地方の都市（アムサール）の統治者をそれぞれのさばらせることになった。例えば、クーファ市では統治者が昔のペルシャ王のように民衆を見下す高い場所に住居を構えた。平等主義は崩れ始め、様々な不満が噴出して、それまでの理想政治と現実との間に乖離が生じてきた。

地方住民の要請に基づいて統治者を交代させた結果、ウマイヤ家の出身者が後釜に据わる巡り合わせが続き、それがカリフの親族への特別な贔屓《ひいき》であると他から非難された。またウマイヤ家が不当に財産を貯め込んでいるという噂が流れ、これら不満のすべてが齢八〇歳を越えた老体のカリフに集中したのである。

六五六年になると、不満分子の部隊がカリフと直談判するためにエジプト、クーファ、バスラの各地からマディーナへ集結し、その数、一八〇〇人余りを数えた。不穏な空気が町を覆い、背後には様々な権力闘争の陰謀が蠢《うごめ》いていた。

聖都では話し合いによる解決が優先され、武力による解決の意図は最初からなかった。だが事態は紛糾を増すばかりで、最後は暴徒が侵入し、自室でコーランを読んでいた老カリフの命を奪う事件に発展した。マディーナではこのような大それた謀反を予測しておらず、戦闘部隊の配置もなかった。

イスラームの模範であった首府の生活の治安が崩れた出来事であった。ムスリム同士による流血事件などはありうべきことではなく、それだけにイスラーム世界は予期しない深刻な局面に立たされた。

第四代カリフ、アリーの時代（六五六―六六一年）

事件の性格は極めて重大であり、もたらした影響も大きかった。混乱が続いた六日目にようやく次期カリフにアリーが選出された。預言者のいとこで若い頃から預言者に育てられたアリーは、預言者の娘ファーティマの夫であるという血筋のよさと、剣を取った時の強さには定評があった。

五〇代の半ばに達したアリーの即位は妥当であり、事態を打開すると思われたが、実際には紛糾が増すばかりであった。その原因となったのは、カリフ・ウスマーン暗殺の責任と、暗殺をした下手人の処罰をめぐる問題であった。

まず、マディーナにいながら事件を阻止できなかった責任について、特にウマイヤ家出身の地方統治者がアリーに厳しい非難を浴びせた。その急先鋒はシリア総督のムアーウイアで、彼はカリフの血染めの衣服や夫をかばった妻ナーイラの切り落とされた指をダマスカスのモスクに展示して、報復を宣言した。更に、後継カリフ、アリーの選出にあたり、暗殺者の兵士たちがアリーを推挙したことも事態を複雑化させた。

ウマイヤ家はアリーの即位を認めない立場をとった。そして、アリーは下手人たちを積極的に処罰する機会を失い、反乱軍はそのまま各地へ帰還していった。

カリフ選出に際しての混乱は、他の候補者の心証を悪くさせ、長老の中から反アリー派を出現させた。反対行動に走ったのは長老のタラハとズベイルで、かねてからアリーと悪い関係にあった預言者の未亡人アーイシャを担ぎ出し、反アリー蜂起の旗揚げを目論んだ。

こうした事態になった背景には、各人の心情的な確執があったとはいえ、直情型の性格であったアリーが、あまりに物事を単純に割り切り、政治的な手法や配慮に欠けたということがあると言われている。

アリーは、カリフとしてイスラーム世界をまとめることに熱心なあまり、自分に敵対するものは誰でも処罰することを躊躇しなかった。アーイシャを担いだタラハとズベイルの一派に反乱の動きがあると知ると、彼はすぐさま軍を編成した。両軍はイラクの地で対峙したが、戦闘にはいたらず、交渉の結果、両者は和平に合意した。ところが和平調印の前夜、反乱側の兵士が不意打ちをしかけたため、ムスリム同士の戦闘が展開され、結局タラハもズベイルも落命した。

アーイシャが乗ったラクダは矢を射られたものの、本人は無事で、丁重にマディーナへ送り返された。その後アーイシャは二度と政治に関与せず、ハディース伝承者として、六六歳の生涯を平穏に全うしている。

六五六年のこの戦いは「ラクダの戦役」と呼ばれたが、カリフ・アリーとウマイヤ一族との反目は更に続く。アリーはクーファで質素な家屋に暮らし、清貧に甘んじて新しい政府を作ることに精力を注いだが、兵士たちには戦利品がないことに不満を抱く者が多くいた。

六五七年、カリフに楯突くものは討つという大義に基づき、アリーはシリア討伐のため、軍勢九万を率いてクーファを出発した。ユーフラテス川上流のスイフィーンで両軍による本格的な戦闘が開始された。戦いはアリー軍の方へ有利に展開していたが、策謀に長けたムアーウイヤ側が、槍の穂先にコーラン句を吊るして、「裁決はアッラーの書に任せよ」と口々に叫んだので、アリー軍は戦意を失い、戦いは中止された。

結局、双方から調停者を出し紛争を解決するという協定が成立したが、アリー軍の一部に「調停をアッラーではなく、人間が行なうことを不満とする」という者たちがいて、戦線を離脱した。彼らは「ハーリジー派（複数形のハワーリジ派という呼称もある。外部へ飛び出したものの意）」となり、異端分派となった。

調停者による交渉で、両者はいったん引き下がってカリフを選びなおすということになった。ところが、アリー側がカリフ辞任を宣言したにもかかわらず、ムアーウイヤ側はカリフ就任を宣誓した。アリー側に残された道は、再度戦火を交える以外になかった。しかし、この戦闘後にアリーの呼びかけに応じる者はなくなり、彼は失意の日々を送ることになる。それに対し、ムアーウイヤのほうはシリアにおける実権を伸ばして、エジプトをも平定した。

だが、悲劇が訪れる。分派したハーリジー派が刺客を送り込んで、アリー、ムアーウイヤ、アムルの三名を同じ日に異なる場所で殺害しようとしたのである。運命の日、刺客たちはアリー暗殺にのみ成功し、他の二人は危ういところで難を逃れた。

こうして信仰心と質実さでイスラームの黄金時代を築き上げた四人のカリフ時代は終焉する。初期イスラームが広まった原動力は、真摯で敬神を旨とする宗教心であり、指導者たちの道徳と倫理の高さに基づく行動にあった。その時代は、同じ戦闘でも、後世の酸鼻を極めた十字軍による侵攻とはまったく対照的であったと歴史家が伝えている。

イスラーム帝国の興亡

この帝国は世界史上で別名サラセン帝国と呼ばれたが、本来ならばイスラームを文明の基盤としたゆえに「イスラーム帝国」の呼称が相応しいであろう。特記すべきはその基礎が初期四代の正統カリフ時代という短期間に打ち立てられたことである。その後、統治者はアラブ人からトルコ人に変わっていくが、帝国はイスラームの旗印の下に近代までその広大な版図を保持し続けた。その版図は現代でも、いくつかの国家に分かれこそすれ、イスラーム国家として連綿と存在し、底辺にはイスラームの精神が脈々と流れている。

1 ウマイヤ王朝とカリフの世襲制の開始

カリフ・アリー亡き後、政治の中心はダマスカスに移る。ウマイヤ王朝（六六一―七五〇年）の幕明けである。稀代の政治家であったムアーウイヤは自らカリフを宣言し、六八〇年に他界する時には、カリフ職を長子ヤジードに譲った。

これは明らかにイスラームの正規な手続きではなかった。カリフの人選は、誰の目から見ても相応しいと思われる教友の中から協議（シュウラー Shūrā）により選ぶのが本筋であった。その民主的な選出方法が廃され、世襲制が適用されたことにより、カリフ制度は陳腐で現世的な制度に堕していったのである。

本来のイスラーム・カリフが持つ純粋性は失われ、歴史に見る一般的な王権となんら変わらないものとなった。さらに政治の世俗化が強まり、イスラーム以前の時代にあったような様々な問題が起こってくる。

ムアーウイヤに反対する人々は、預言者の血統を重んじてカリフ・アリーを支持するシーア派を結成した。特にアリーの次男フセインがケルバラーの地でウマイヤ勢と戦い、殉教したことから、シーア派の団結力は加速する。こうした宗教的分派により、イスラーム世界に亀裂が入ることになった。

更にシリアとイラクの地域的な対立は、郷党意識を芽生えさせると共に、イスラームの呼びかけでいったん薄められていた古くからの部族対立の感情をよみがえらせることになった。

こうした中でもイスラームの版図はさらに広がり、ワリード一世（在位七〇五―七一五年）は、東は中央アジアのブハラ、サマルカンドを抜けてインド西北部に至る地域を、西はイベリア半島に達する広域を支配した。また、ウマイヤ朝にあっても、カリフ・ウマル（在位七一七―七二〇年）は、イスラームの精神をよく汲んで善政を敷いたことから、「五代目の正統カリフ」と称されたほどである。

ウマイヤ時代の文化を伝えるものとしては、ワリードがダマスカスに建てた「ウマイヤ・モスク」と、その父アブドルマリクがエルサレムに建造した「岩のドーム」が知られる。

ウマイヤ王朝はやがて権力闘争の内紛で自滅の道をたどる。それと共に、中央の権力が及ばないペルシャのホラサーン地区で反乱の狼煙が上がった。預言者の血筋ハーシム家の流れを受け継ぐアブルアッバースことサッファーフが、ペルシャ人の功臣アブームスリムの支援を得て、五〇〇年の長きに君臨するアッバース王朝を興したのである。

シリアに君臨したウマイヤ朝は滅びたが、一〇代目カリフの孫にあたるアブドルラハマーンはアッバース勢の探索を逃れてスペインへ渡り、コルドバを都とした後期ウマイヤ王朝（アンダルス・ウマイヤ王朝　七五六―一〇三一年）の華麗な文化の花を咲かせている。コルドバのグランド・モスクやグラナダのアルハンブラ宮殿の精緻な建築美は、ヨーロッパ的な要素も取り入れて、独特な文化を形成したのである。

2 アッバース王朝とトルコ系軍人の台頭

アッバース王朝（七四九―一二五八年）はイラクのバグダッドに、ペルシャの様式から学んだ絢爛豪華な大都市を建設した。特に二代カリフ・マンスール（在位七五四―七七五年）は、行政機構の整備に力を注ぎ、駅伝制度（バリード　Barīd）を設けて伝達の効率を図り、市場（スーク　Sūq）を開設して商業活動の育成につとめた。

こうしたインフラ整備により、バグダッドは世界一の国際都市として繁栄し、五代カリフ・ハールーン・アルラシード（在位七八六―八〇九年）の在世に栄華の頂点を極めた。「千夜一夜物語（アラビアンナイト）」でも有名なこのカリフは、学問の造詣が深く、詩歌を愛した文人であった。

しかしアッバース朝では、その整備された強力な官僚機構の中で、アラブ人よりも次第にペルシャ系官僚の力が強くなり、さらには傭兵として雇用したトルコ系軍人の権力が勝るようになった。アラブの血筋を引く歴代のカリフはだんだん傀儡の立場となり、実権は非アラブの権力者に委譲されていったのである。

アッバース朝カリフは名目だけとなり、一〇五五年にはセルジュク・トルコが、カリフの後見としてバグダッドへ入城した。東方イスラーム世界はこうして、セルジュク・トルコ朝が実権を掌握したが、西方はシーア派のファーティマ朝がカイロ市を建設して、シリアにまで勢威を伸ばしていた。

3 西欧十字軍の襲来

こうした東西勢力の対抗と内部分裂の虚をついて来襲したのが、キリスト教徒の編成する十字軍であった。一〇九九年、エルサレムは十字軍による虐殺と略奪により陥落する。エジプトからの援軍も敗退し、トリポリ、シドンを含む地中海沿岸は十字軍に占領された。

しかし一一四八年の第二回十字軍の遠征には、ムスリム軍も準備を整えて迎え撃つことができた。

そして一一六三年、クルド系の武将サラーフディーン・アユーブ（西洋側の呼び名サラディン）が登場してから、戦局が変わる。サラディンは一一七一年にエジプトのファーティマ朝を併合して版図を拡大し、一一八七年、エルサレム奪回の勝利を飾った。一一九〇年の第三回十字軍はアッカを占拠したが、そこで平和条約が締結され、サラディンは寛大にも西洋の騎士たちに聖地参拝の許可を与えている。この偉大な武将は一一九三年にダマスカスで五五歳の生涯を閉じた。

一二〇四年の第四回目十字軍は、ムスリム世界を攻撃せずに、同胞である東方キリスト教区のコンスタンティノープルを攻略して、虐殺と強奪の限りを尽くした。度重なる十字軍の遠征は既に宗教的な意義が消え失せて、現世の汚れた欲望しか残っていなかった。

更に一二一八年の第五回十字軍の攻撃目的地は、エルサレムとは方角外れのエジプトであったが、エジプト太守アルカーメルはこれを撃退することに成功する。攻め手のフリードリヒ二世はアラビア語にも通じた教養高い人物であったので、アルカーメルは密約を結んでエルサレムの引き渡しを約束し、一二二九年に実行した。これは当時中央アジアに台頭したモンゴル勢力の懐柔を目的とした政治策略と言われるが、アラブ世界の怒りを買った。

実際、時代は風雲急を告げていた。タタールと呼ばれたモンゴルが、イスラーム世界への侵攻を開始しており、一二一八年から一二二一年にかけて中央アジアが徹底的に蹂躙された。西からは十字軍による攻略を受け、ほぼ同じ時期に東からモンゴルが襲来して、アラブ世界は未曾有の厄災に見舞われたのである。だが十字軍については、一二四四年トルコ軍勢がエルサレムを陥落させたのを最後に、二度と聖地へ来襲することはなかった。

4 モンゴル軍の侵略とアッバース王朝の滅亡

一二四八年、フランス王ルイ九世は、第七回十字軍の先鋒としてエジプトへ遠征を始めた。その時の彼は壮大な企てを夢見ており、モンゴルと同盟を結び、イスラーム世界を東西から挟み撃ちにして滅ぼそうと考えていた。ルイ九世は実際にキプロスでモンゴル使節団と会談して、キリスト教への入信まで勧めている。しかしモンゴル側がその意図を理解しなかったために、目論見どおりにはならなかった。

その後ルイ九世は単独でエジプトを攻めたが、敗れて捕捉される。この戦闘でエジプト軍勝利の立役者となったのが女傑シャジャラトル・ドッル（真珠玉の木という意味）であった。彼女は、諸葛孔明とよく似た話だが、軍を指揮した夫アルサーリフが戦闘中に病死したことを全軍に隠し通して勝利へ導いたのである。その功績で彼女はイスラーム史に前例のない女帝（スルタナ）となった。その後はマムルーク（奴隷傭兵）と再婚して、エジプトはマムルーク朝時代に入る。

一二五〇年にルイは莫大な身代金を支払うことで釈放され、帰国している。これをもって西からの侵略は完全に終了し、近代になるまでイスラーム世界の安定が保たれたのである。

一方、東からの恐るべき災禍が、一二五八年二月、バグダッドを襲うことになる。チンギス・ハーンの孫フラーグは、降伏せずに歯向かう勢力に対して仮借なき鉄槌を下すのが常だった。イランでは概ね寛容であったフラーグは、挑戦を受けて立った誇り高いアッバース朝最後のカリフ・ムスタアスィムに対し徹底的な攻撃を行なった。モンゴルの騎馬隊はバグダッドを完膚なきまでに蹂躙し、一〇〇万に近い住民を虐殺したのである。

灰燼に帰したイラクを通過したモンゴル軍は、シリアへ進んで主要都市アレッポ、ダマスカスを落とした。エジプトでは迫りくるモンゴルの大軍に一致団結して手向かう士気を誇示するために、無条件降伏を促すモンゴル使節を斬り捨てている。

しかし、決戦の前夜、フラーグは長兄の大ハーン・モンケがモンゴルで死去した報に接し、急遽、軍をまとめて帰国の途につくことになる。この怒濤の反転はイスラーム世界を救うことになった。エジプト軍は地中海岸に残されたモンゴル兵を叩き、一二六〇年九月の戦闘で最後のモンゴル騎兵隊を殲滅した。その後は、モンゴルと同盟を図ったキリスト勢力を次々に潰し、一二九一年、十字軍が残存した港町アッカを征服して、東西の侵攻勢力を完全に一掃したのである。

5 中央アジアのイスラーム国の興隆

当時の勢力版図は、チグリス・ユーフラテス川で二分された。西側はエジプト・マムルーク王朝のイスラーム勢力の旗下にあり、東側はモンゴルに属するイル・ハン国の領地であった。

初期のイル・ハン国統治者は、既にモンゴルの地へ到達していた仏教やネストリウス派キリスト教(景教)と馴染みが深く、敵対する勢力が信奉するイスラームには強い拒否反応を示していた。しかしモンゴル支配者も、イランを長く支配するうちにその文化に魅せられ、イスラームへ改宗していく。一三〇〇年代後半から一四〇〇年代にかけて、首都タブリーズを中心に多彩なイスラーム文化の華が咲き誇ったのである。

またその頃、中央アジアに拮抗して栄えたのが、サマルカンドを都としたトルコ・イスラームのチャガタイ・ハン国であった。こうしてイスラームは統治者を改宗させながら、新たな版図を広げていった。

一三六三年、この地に出現した英雄が、チムール・ランクである。チムールはサマルカンドから中央アジアを治め、ロシア草原からインドまでを支配した。彼は新興オスマン・トルコのバヤズィード一世にも勝利しており、最後には中国への大長征を敢行したが、その途中で逝去している。

チムールが統治に当たって採用したのが、イスラーム法（シャリーア）とモンゴル法令だった。モンゴルとイスラーム双方の遊牧的な慣習を混血させた文化を作り上げたチムールは、また華麗なイスラーム建築美を愛して、サマルカンドに多くの技術者や職人を集めて宮殿を多数建築している。

時代が下り一五二六年、チムール直系の子孫バーブルはアフガニスタンからハイバル峠を越えてインド平原に下り、北インドにムガール帝国を興した。以後一〇〇年間にわたり「タージ・マハル」で名高い絢爛豪華なイスラーム文化がインド大陸に繰り広げられた。

6 オスマントルコ帝国とイスラームの西進

モンゴルの軍馬に追われて小アジアに流れ込んだトルコ部族の中から、新興勢力として、オスマン族が台頭してくる。彼らは一三六六年に首都をブルサに定め、アナドリア高原、バルカン半島を制圧した。

もしチムールに敗戦さえしなければ、バヤズィード一世がコンスタンティノープルを陥落させていたかもしれない。彼の子供たちは立派にその遺志を継ぎ、オスマン・トルコ帝国の支配領土を拡大していった。

一四五三年、征服王の異名で知られるメフメット二世は念願のコンスタンティノープルを開放し、イスタンブールと改名して新しいオスマン帝国の歴史の幕が切って落とされる。イランから北アフリカ沿岸を含む広大な地域が、オスマン朝スルタン・カリフによって統一され、二〇世紀初頭まで続いたのである。中でも、一五二〇年スルタンに即位したスレイマン一世は、ヨーロッパ征服に乗り出し、ベオグラードを落としてウィーンまで到達している。

ここでもう一度、イスラームが西方世界のどこまで伝播したのか見直しておこう。

イスラームがスペインに到達したのは七一一年であり、イスラーム軍勢を率いた隊長が、ターリク・ビン・ズィヤードであった。彼が上陸した場所の山（ジャバル）を記念して、ジャバルターリク、すなわち「ジブラルタル」の名前を今日に残したのである。その後、海峡を管轄したムスリム役人が通行税（タリファ）を徴収したことから、関税（タリフ）の語源となった。

スペインを征服した勢いで、七三二年にはアブドルラハマン一世の軍団がピレネー山脈を越えてフランスのボルドーに到達している。しかし、トゥール・ポアチエ戦役でフランク軍勢と剣を交えたアブドルラハマンが戦死したため、結局イスラーム軍はスペインまで撤退した。その後、スペインが「レコンキスタ」と呼ぶキリスト教徒の反撃でイスラームの手から取り戻されるまで、八〇〇年を要した。イベリア半島からムスリムが完全にいなくなるのは、一四九二年のグラナダ陥落からである。

勢いを増したキリスト教徒の進撃はその頃から始まった。スペインとポルトガルによる大航海時代へと突入して、新大陸の征服に着手する。征服者たち（コンキスタドーレス）はアメリカ大陸を徹底的に破壊し、インカ帝国（ペルー）やアステカ帝国（メキシコ）を滅亡させていくのである。

イスラーム世界と西欧との重要な対決は、一五七一年の「レバントの海戦」である。これはオスマン帝国海軍のガレー船団とスペイン無敵艦隊との間に繰り広げられた洋上の戦いであった。海戦に長けたスペインが勝利を収めたことにより、トルコの地中海覇権は終焉を告げ、それ以降はイスラーム勢が防戦に追われる一方となる。

イスラームの東進

イスラーム誕生の頃、七世紀のムスリムはどの程度、世界地理に通じていたのだろうか。それを知るにはまず聖典コーランを参照するのがよい。第一〇六、コライシュ章の中に彼らが冬の隊商、夏の隊商を派遣していたとある。

注解によれば、この隊商は冬に南のイエメンへ行き、夏は北のシリアを訪れて商売したという。イエメンの先はアフリカとインドへ通じており、彼らは象牙、宝石、香料など多くの産品を地中海沿岸のローマ植民地で売り捌いた。

こうした地の利があったから、ムスリムはアジア、アフリカ、ヨーロッパ三大陸の地理を熟知していたに違いない。ハディースの中に「知識を求めて中国まで行け」とあり、中国の存在が既に知られていたこともその証拠と言えよう。実際、初期カリフの時代に、帝国の版図は東のペルシャから西の北アフリカまで拡大されたのである。

ムスリムの行動範囲の拡大には、イスラーム五行の中に「礼拝」と「マッカ巡礼」を義務づけたことが大きな影響を与えた。ムスリムはマッカの方向を毎日礼拝で確認できるし、一生に一度は聖地を訪れたいと熱望する。ごく普通のムスリムでもマッカへ行きたいと考えるのだから、宗教的情熱にかられた者は、仏教でも三蔵法師が仏典を求めて旅したように、ひたすらイスラームの聖地を目指した。また同じ道程を通じて交易もなされたから、その旅行はより現実的なものであった。

こうしてマッカを中心とする全世界へのルートが確立されると共に、東方への道が伸びて行ったのである。

1 東西世界を結んだ海のシルクロード

東へ進んだイスラームは、大別して三つのルートを辿っている。最北の行路は中央アジアからシルク・ロードを通り、ゴビ砂漠を越えて中国へ至るコースで、真ん中がアレキサンダー大王の昔から存在した、ペルシャを通り抜けインドへ到達するルートである。この二ルートは前記のイスラーム王朝の興亡とほぼ重なるので説明を省略する。

最南のルートが、アラビア半島から海路をとり東方世界を目指すものであり、別名「海のシルクロード」である。

アラビア半島にはインド洋に面して二つの重要な海峡がある。北側が、湾岸（ペルシャ湾）へ入るホルムズ海峡であり、バスラ、クーファ、後にはバグダッドやペルシャ側のシーラーフや、バンダル・アッバースなどへ向かう船が必ず通過した。昔からアラブとペルシャやインドと結ぶ要所である。

そして南にバーブルマンダブ海峡があり、これはアラブがアフリカと接する重要地点であった。預言者ムハンマドが誕生した「象の年」（五七〇年）には、ここからエチオピア軍が象を運んで半島に上陸し、マッカまで進軍した。それは当時既に頑丈な船舶がその地で運行されていたことの証でもある。これには既に、カルタゴの名将ハンニバル（紀元前二四六—一八三年）が象五〇頭を連れて地中海を渡った先例があった。

アラビア半島から東に伸びた海上交易は、衣料、絨毯、皮革、象牙、宝石、刀剣、金属器、陶磁器、香料、香辛料、食料など多くの産物を往来させた。八世紀から一〇世紀半ばのアッバース朝時代には、船乗りシンドバッドの物語にあるように、多くのムスリム商人が東方貿易に進出し、中国の広州まで行っていた。

アラビア半島の主要な港としては、まずイエメンのモカ港が有名で、ここから搬出された良質なコーヒーによりその名前を今に留めている。南のアデンは近代航路の拠点として有名であるが、中世ではドファール港、ムカッラ港というハダラマウト地方の港町が繁栄しており、オマーンのスール港（現在のマスカット港近く）もインドへの出発港として知られていた。

アラブ人は、インド洋に面する地区に租界を建設しながら、交易を通してイスラーム布教を行なっていった。特にインドのハイダラバードには大きなアラブ人街ができていた。

カルカッタを経てインド大陸南端、スリランカに伸びた航路はここで二つに分かれる。一つは東インド海岸に沿いながらアジアに至るコースであり、もう一つはインド洋のモンスーンを利用して大海原を乗り切り、スマトラ、マレー半島に到達する航路であった。

ハダラマウト出身のアラブ・ムスリムは、進取の気性に富んでおり、既に一〇世紀頃からから一二世紀にかけてイスラームを東南アジアに伝えたのである。彼らはこの地を中継点として、さらに東シナ海の沿岸を通り、広州、泉州、明州へと来航した。殊に一〇八七年に開港された泉州は、ムスリム商人に、ザイトーン（オリーブ樹の意）の名前で知られていた。

アラビア文献では、中国はシーン（Sīn）、インドはヒンド（Hind）とシンド（Sind）、スリランカはサランディブ（Sarandib）とある。

そして日本は、東海の彼方にある未知の国として「ワクワク（Waqwaq）」の名前で呼ばれている。語源は「倭寇」であり、マレー語に多い反復形式で「ワクワク」となったの説もあるが定かではない。

当時、東南アジアではヒンズー教のマジャパヒト帝国が勢力を誇っていたが、次第にイスラームが浸透して、現在見られるような宗教分布となっていく。

2 イスラームと中国

中国では、一三世紀、宋・元の時代に福建省で南海貿易に活躍した人物がムスリムであったという。マルコポーロは一二九〇年、フビライ・ハンの命を受けて、帰途泉州からマレー半島を通ってセイロン島を経由、インド西海岸に至り、一二九三年にホルムズ港に到着する船旅をしている。

これに半世紀遅れて、ムスリムの大旅行家イブン・バトゥータが、破天荒な旅をしている。彼は一三〇四年にモロッコに生まれ、一三二五年にマッカ巡礼を志してアラビアへ赴いた。その後、小アジア、中央アジアを経てインドへ入っている。一三四二年に中国元王朝への使節となり、カリカット、セイロン、スマトラを通り、一三四五年に泉州へ無事到着した。帰路も同じルートをスマトラの船で辿り、インド、ペルシャ、イラク、シリア、エジプトを通って一三四九年に故郷へ帰還した。

その後、モンゴル勢力を駆逐した明王朝が一三七四年以降に海禁政策をとったので、一時中国の海外交渉は衰退を余儀なくされた。だが永楽帝の治世になると、有名な鄭和による前後七回のインド洋航海がある。鄭和は一三七一年に雲南省で生まれたムスリムであり、三代にわたりマッカ巡礼を果たした家系である。

一四〇五年から一四三三年まで、偉丈夫の鄭和が率いた船団が、最初の三回はカリカットまで、残りの四回はアラビアまでの航海を果たしている。これはポルトガルのバスコ・ダ・ガマがアフリカ大陸をまわり、インド航路を発見した一四九八年以前のことである。このように、「海のシルクロード」は長年にわたって交易に利用されていた。このルートをアジア人同士が活用している間には大きな問題がなかったのだが、その後、西方から侵略者たちの参入で歴史は大きく転換する。

3 フィリピンのイスラーム

イスラームが伝播したアジアで最東の地域は、フィリピンである。一三世紀頃マクダムというアラブ人がマレーから来訪し、スルー諸島をイスラーム化したと言われている。

六〇〇年の歴史を持つスルー・スルタン王国は、ラジャ・バキンダとアブーバクルの両名により建国された。ミンダナオ島では、シャリーフ・ムハンマド・カブンスワンが、遅れてマギンダナオ王国を建て、ムスリム諸侯（ラジャ）が各島を支配する時代が続いていた。

一五二一年、世界一周の途次にあったマジェランは、その地（セブ島）を「発見」して、そこにスペイン・レコンキスタで戦った宿敵ムール人（ムスリム）と同じ宗教を仰ぐ人々を見出した。一行は彼らに戦闘を仕掛けたが、マジェランは逆に敵の首長ラポラポに討たれる。残された部下はそのまま船旅を続け、本国に辿り着いてこれを報告した。

それから五〇年後、スペインはレガスピが率いる遠征艦隊でマニラへ来航、ムスリム・ラジャを殺して占領し、フィリップス国王の属国という意味で「フィリピン」と名付けた。こうして一五七一年から一八九八年までスペインは、武力とキリスト教とスペイン語による植民地統治を徹底的に行ない、反抗する者には過酷な弾圧を加えた。彼らはこの地の人々が有していたアジア的、イスラーム的な色彩を奪い取り、言語、宗教、思想から生活全般に至るまでスペインに盲従させるよう変えたのである。こうして、アジアの国にキリスト教の楔が打ち込まれたことで、イスラームの東進は停止してしまう。

三世紀にわたる歴代のマニラ総督が必ず実行したのは、ムール（モロ）討伐であり、マニラから島々を南下してミンダナオへの遠征であった。何百回か行なわれた遠征で、最後までスペインに屈服しなかったのは、スルー・スルタン王国であり、セレベス海とスルー海の境界に点々と連なるスルー群島を拠点に、ボルネオ北部、パラワン島、ミンダナオ南部を含む大きな版図を広げていた。

モロ戦士は海洋の知識に長けており、小型船を自由に扱い、南下してくるスペイン艦船を迎え撃った。イスラームの旗印の下に、モロ族は三〇〇年間にわたりスペインと戦い続けてきた。

一八九八年の米西戦争の結果、アメリカがフィリピンの割譲を受け、統治することになったが、アメリカ総督も同じくモロ族討伐を行ない、多くの犠牲者を出したため、後には懐柔政策に転じている。ムスリムの行政地区は、スルタンを戴く特別の議会と行政制度を有していたが、アメリカ総督が引き揚げるにあたり、アメリカの信託統治地域になるか、フィリピンに帰属するかの選択を迫られた。当時スルタンの後見役を務めたハッジ・ブト総理大臣は、フィリピンへの併合を決定した。だがそれ以前に東インド会社がスルー・スルタン王国から租借した北ボルネオ・サバの領土は、その後マレーシアに合併された。

一九四二年、日本軍が進攻した時も、スルー島に派遣された師団六〇〇〇人のうち、生きて帰還できた兵士は僅かであった。モロ族は外国からきた侵略者のすべてを駆逐したのである。

近年、マルコス政権との間でミンダナオ土地問題をめぐって衝突が生じ、分離独立運動が起こった。一九七三年にはモロ民族解放戦線（ＭＮＬＦ）が結成され、反政府闘争は二〇余年にわたって続くことになる。

一九九六年になり、ＭＮＬＦとラモス政府間で和平協定が結ばれた。しかし、ＭＮＬＦから分離したモロ・イスラーム解放戦線（ＭＩＬＦ）の武装闘争は終わっておらず、現在に至るまで問題は解決していない。

第九章
現代のイスラーム

イスラーム世界の現況

1 近代はイスラーム諸国受難の時代

近世ヨーロッパ列強によるアジアとアメリカ大陸への大規模な侵攻は、四世紀にわたって続き、各地を植民地化して二〇世紀を迎える。この侵略の大義となったのが「キリスト教至上主義」であり、他宗教への非寛容性を持つ近代国際法であった。その理念の根底にあったのが、世界を三つの地域に分類することであった。

①文明地域…キリスト教徒が住む地域でヨーロッパ諸国を中心とする。
②非文明地域…イスラーム諸国、並びに中国、日本などの古い歴史を持つ国。
③未開地域…それ以外の人たちが住む地域。

ヨーロッパ列強は①の文明国家が他を統治し、後見する権利があると主張した。その理由の錦の御旗として持ち出されたのが「宗教の相違」である。彼らはそれを侵略戦争の正当化の根拠とした。

こうして彼らは、南北アメリカ大陸で先住民族に残酷極まりない迫害と虐殺を繰り返して、その居住地を奪い、アジアに対しては植民地政策を展開して次々と各地域を支配していった。そして中東世界においては、唯一神を崇め、諸宗教、諸民族の安全保障を約束して共生共存を図ってきたイスラーム国家「オスマン帝国」の衰退に乗じて、その領土の割譲と分配を進めたのである。

2 最後のイスラーム帝国オスマン朝の滅亡

日本が開国を迫られた一九世紀末の世界情勢は、まさに列強の覇権が激しくぶつかりあう時代であった。その争いの結末が、第一次世界大戦へと繋がった。長年にわたってイスラーム世界の版図に含まれていたバルカン半島から火の手が上がり、戦火は広がった。

この大戦が直接、間接的にイスラーム世界に与えた影響は大きく、一四世紀にわたりイスラーム世界を統治したカリフ制度が、オスマン帝国の崩壊と共に消滅したのである。

オスマン帝国の滅亡は、単にカリフ制度のみならず、イスラーム法そのものの権威の低下をも意味した。イスラーム世界が一四〇〇年にわたり築き上げて、多種多様な人種や宗教の共存を実現させたイスラームの原理、規律が弱体化して、影が薄くなったのである。

イスラーム精神によりイスラーム世界を統治してきたはずのオスマントルコ帝国は、イスラームを放棄して、「トルコ共和国」という近代国家体制の内の単なる一国家に自らを「格下げ」した。この方向づけをしたのが、初代大統領ムスタファ・ケマル・アタチュルクである。彼はトルコを近代化するためにはそのすべてを西欧化することが必要であるとして、西欧との一体化を目指した。

具体的には、イスラームの過去を清算するために、従来トルコ語に使用したアラビア文字を廃止してローマ字表記に改め、ヒジュラ暦からグレゴリア暦へ変え、スイス民法を導入して法律制度を変換し、政教分離を宣言したのである。この近代化と西欧化の双方を同時に受け入れようとするやり方は

「ケマル主義」と呼ばれ、現在に至るまでトルコのエリート層の基本的な考え方となっている。

3 新たな中東諸国の成立

オスマン・トルコという盟主を失ったイスラーム世界は、西欧列強の覇権と思惑の下に分割され、支配されていく。地域を形成する基本要素である民族、宗教、文化、伝統、歴史などは無視され、列強の国益を優先した植民地支配の効率化のために都合のよい国境線が引かれた。エジプト、イラク、ヨルダン、クウェートがイギリスの植民地として、シリア、レバノン、チュニジア、アルジェリア、モロッコがフランスの植民地として、今日見る人為的な地図が作られた。

つまり、現在ある中東諸国は、昔のイスラーム版図の中に、西欧列強の手により「国」という新しい単位で、勝手に線引きがなされたものなのだ。それらの人為国家は、本来のイスラーム理念とは全く異なった形で「国家単位の政治」に委ねられたのである。

国家という観点から見る限り、今日のイスラーム諸国のほとんどが新興の独立国であり、成立の歴史が浅いのはこのためである。こうして中東地域は人種、民族、宗教、宗派、慣習など複雑な要素が絡み合い、互いの利害関係を追求する不安定な構造となってしまった。

4 異文化国家イスラエルの建国

第一次世界大戦後にトルコ帝国が崩壊し、ヨーロッパ列強の支配に呻吟する中で、イスラーム世界は自らの進む道を模索してきた。しかし、この地にさらに重大な歴史的な出来事が起きた。一九四八年のイスラエル建国である。

二〇〇〇年前に国を喪失したユダヤ人が、新しいイスラエル国家樹立に至った直接要因は、ヨーロッパのキリスト教国ドイツのヒットラーによる、ユダヤ人弾圧とホロコースト（虐殺）である。ユダヤ人たちのために逃避場所として選ばれたのがパレスチナの地であった。その結果、既に二〇〇〇年にわたってこの地に定住していたパレスチナ住民は、土地を失い、難民となって周辺国へ逃れ出たのである。その領土回復の運動こそが、今日なお解決のめどがつかない「パレスチナ問題」であり、既に数度に及ぶ中東戦争が勃発している。

イスラエル建国は、領地の帰属問題と共に、イスラーム地域の中にユダヤ国という異分子が侵略してきたという現実をアラブ諸国につきつけた。アラブ世界は団結を強め、一九六〇年代から七〇年代にかけて、エジプトのナセル大統領を中心に「アラブ民族主義」が叫ばれた。だが、一九六七年の第三次中東戦争でアラブ側が大敗を喫してから、イスラエルの拡張主義は勢いを増し、アラブの危機意識はいよいよ強まる。

一九七三年一〇月の第四次中東戦争では、緒戦のアラブ側の勝利と親イスラエル政策をとる国に対する原油輸出の禁止処置が、世界経済に大きな衝撃を与えた。いわゆる「オイルショック」である。

原油価格は高騰して、世界の富が中東の原油産出国に集中し始めた。潤沢なオイルマネーを背景として自信を持ったイスラーム諸国は自国の開発を推し進めた。それと同時に、改めて自分たちの宗教を見直す「イスラーム復権」の動きが顕著となってくる。

5 イスラーム新生国家の試み

その典型例と言えるのが、イランのホメイニー師による「イスラーム革命」であった。以下、第一章と重複するところもあるが、八〇年代、九〇年代の中東情勢の流れをまとめておこう。

一九二六年以来、パーレビ王朝が親欧米派の政策をとり、国の近代化を推進した結果、市民に貧富の差が広がり、不満が鬱積していった。反政府運動が盛り上がり、それに対する弾圧も激しさを増したが、革命の波は高まり、ついにシャー・パーレビ国王は追われて、シーア派の精神的指導者であるアーヤトッラー・ホメイニー師が国家元首となった。イスラーム法を国の基本法とする政治体制がイランに発足したのであった。

この政教一致を旨とするイスラーム体制は、西欧化と全く逆行したイデオロギーとして捉えられ、西側からはその復興運動は「イスラーム原理主義」と呼ばれた。だが、この言葉は本来の意義から外れて一人歩きを始め、むしろ反政府の先鋭的な政治活動一般を指す名詞となり、保守的な国々の為政者に脅威を与えた。

このイランの動きを牽制するために勃発したのが一九八〇年の「イラン・イラク戦争」である。今日に至るまで、この戦争の大義や開戦の理由について、納得のいく説明はなされていない。直接の原因は、以前からあった国境線シャットルアラブをめぐる紛争とされているが、八年近く続いた消耗戦の結果を見れば余りにも論理を欠いている。

真相は、アラブの覇者となる野望に燃えたイラクのサッダーム・フセイン大統領が、「ホメイニー憎し」に凝り固まったアメリカに煽動されたということであり、支援をしたのはホメイニー原理主義の台頭を恐れたアラブの保守国であった。アメリカにすれば、イランの原理主義は抑制できるし、オイルマネーは潤沢で武器が飛ぶように売れるという、思う壺の展開となったわけである。

八〇年代のイランはまさに最大の国難を抱えた状況にあった。国内はシャー王制からイスラーム共和制へ交代した行政の混乱期にあり、対イラク戦争に加えて、国境を接する兄弟国アフガニスタンがソ連の侵攻を受けていたのである。この時、ソ連の南下を阻止するためにアメリカが全面的に支援したのがムジャヒディン兵士である。彼らがその後、自分勝手にイスラームを利用するアメリカのエゴに牙を剝いたのはご存じのとおり。

6 富裕経済国から軍事費浪費国へ

中東の石油諸国を潤したオイルマネーも、八〇年代に勃発した戦争により莫大な支出を余儀なくされて、富の集中は停止する。だがそれに留まらず、富裕産油国の土台骨を揺さぶる紛争が中東世界に起こった。一九九〇年八月二日、イラク軍がクウェート領内へと侵攻したのである。イランとの戦争ですっかり疲弊した軍事大国イラクがまわりを見渡したら、美味しい国が隣に存在していたという話だった。野望の権化であるサッダーム・フセインにとり、戦争理由など構わない。「クウェートは歴史的にイラクの一部」との屁理屈で十分である。一応イラクにいたアメリカ大使には事前に通達したつもりで、あっさりクウェートを占領した。驚いたのは周辺のアラブ諸国であり、アメリカ自身でもあった。

のらりくらり占領を続けるイラクへの武力行使が、ブッシュ大統領による湾岸戦争である。アメリカはイラクに完勝したが、その時にサッダーム大統領を殺すことをしなかった。それは、彼を生かしておけば周辺国は戦々恐々として防衛のため武器を買わざるをえず、なによりもアメリカは優秀な武器供給国であったからである。アメリカにとって湾岸戦争の効果はそれだけにとどまらなかった。折から東西冷戦終結の節目に当たったため、「アメリカ一人勝ち」という強い印象を世界に与えたのである。

アメリカの金融戦略にとって都合の良かったのは、湾岸戦争の結果、長らくの懸案であったオイルマネーの中東世界への集中化が完全に解消したことであった。クウェート、サウディアラビアの国庫は巨額な軍事費を支払って空っぽになった。

その後は原油価格の高騰を避ける構造が世界の原油市場に形成された。それは国連制裁を付けたイラク原油を調整弁にして、原油供給量の増減を制御するという方法である。

こうして中東産油国を筆頭に「イスラーム世界へ富が集まる構造」は、二〇世紀にて終了した。同じ頃、アメリカはアジアにおける日本の黒字減らし対策を積極的に展開しながら、アジア通貨危機によりアジア諸国での経済発展の過熱状況に冷水を浴びせたのであった。

非アラブ・イスラーム国家概観

七世紀、イスラームが誕生したアラビアを取り巻く地域は、ギリシャ、ローマ、ペルシャといずれも古代文明の華が開いた国々であった。イスラーム文明は周辺のすぐれた文化を吸収し、独自の学問を発展させた。当時活躍した著名な学者の多くが周辺の文明圏から来た外国人であったと歴史は語っている。

アラビア語の普及が進んで、例えばエジプトのように自国語を捨て去り、アラビア語を母国語に変えてしまった国があった。ペルシャでは自国語を使い続けたが、表記にはアラビア文字を採用した。トルコ民族はイスラームへ改宗して広大な地域を支配したが、トルコ語も長期間にわたりアラビア文字を使っていた。ウルドゥー語やマレー語でも同じ方式を採択したので、東南アジアの国々を訪ねれば、今でも商店街の看板にアラビア文字を見ることができる。

こうした言語を異にする国々のムスリムは、コーランを理解するために、今なおアラビア語を学んでいる。現在ではコーランが各国語へ翻訳されてはいるものの、真意はつかむにはアラビア語でなければならないとの結論がどこでも徹底している。こうして昔からイスラーム研鑽のため留学生がアラブ圏へ派遣されており、将来的にもその動きは続くであろう。

現代の非アラブ国家といえば、イラン、トルコ、パキスタン、インドネシアがその代表的なものであろう。これらの国々のイスラームはどんな状況にあるのか、今後の展望も含めておおまかに述べてみたい。

1 イラン

ペルシャ文化の遺産を継承しながら、イランはシーア派を基軸とする独特のイスラームを発展させた。少数派であるシーア派は、スンニー正統派からの批判にいつも晒されてきたので、学派論争に応えるためアラビア語研究は特に進んでいる。膨大なペルシャ語文献を駆使しながらアラビア語古典の研鑽を併行させ、イスラーム学者の層は厚い。古都のコムにある神学校は特に有名で、シーア派の総本山となっている。

一九八〇年のイラン革命以降、この国はイスラーム最高指導者を政治の責任者とする国家体制を採用して、国の規範をイスラーム法（シャリーア）とすることを宣言している。一般のイスラーム諸国では政治指導者がシャリーアの専門家を傍らにおき、御用学者として重用する方式を採るのに対して、イマーム・ホメイニー師を政治指導者と仰ぎ、理想の実現を「イスラーム的な形式」で推進したのはまったく画期的な流れと言えよう。

しかし、世界の注目を浴びたその革命も国際政治の厳しい挑戦を受けた。アメリカとの対立、長期にわたるイラン・イラク戦争がその最たるものである。この試練を乗り越えたイランは、現在、初期の革新路線から二〇年を経て、穏健派と言われるハタミー政権に移っている。

現行のイスラーム指導者による政治指導の体制が実際にどんな成果をあげていくのか、その結論が出るまでには、もう少し歴史的な時間を必要としよう

2 トルコ

オスマン大帝国が滅亡して、救国の父ケマル・アタチュルクが共和国大統領に就任したのは、一九二三年である。アタチュルクはオスマン朝時代の慣習をすべて消し去り、新生トルコを西欧方式に改革するという路線を採用した。旧体制の象徴と目された房付きの赤いトルコ帽子着用を廃止した布令は、明治日本のちょんまげ廃止令に似たものである。

さらに国語のアラビア文字表記を廃し、タイプライターで文字打ちが容易にできる、簡便なローマ字の採用を一九二八年に実施した。スルタン制の残滓は捨てられ、産業化が叫ばれて科学振興や工業の推進が図られた。

トルコの「脱アジア入欧州志向」は、トルコの国是として現在に至っている。これを示す実例は、同国がEU諸国への加盟を目指す動きにも表れている。近年、欧州との関係はますます深まっているが、ドイツに移り住んだトルコ人が移住先で争いに巻き込まれる事件がしきりに報道されている。

国の政策が「脱アジア入欧」であっても、トルコ国民の大部分はムスリムであり、生活の中にイスラームが深く浸透しているために、七〇年余り経った今でも、改革の成果が何であったのか評価は定まっていない。

アラビア文字廃止で、確かに本屋に並ぶ書籍はローマ字となったが、イスラームはいまだに生活の

中心であり、アナトリア高原の農村地方には普通のムスリム世界が広がっているのである。

最近は、ポスト冷戦の新たな情勢にともない、旧ソ連領のトルコ語圏への関心がにわかに高まってきている。歴史の中で長いこと宿敵であったロシアが分解して、トルクメニスタンをはじめとするトルコ語圏のイスラーム地域が独立を果たしたのを機に、トルコ政府がそれら地域への支援を積極的に行ない始めた。学校や放送局の新設など、住民が直接に恩恵を享受できるプロジェクトが実施されている。こうした情勢下で今「イスラームによる連帯」の意識が強まり、改めてトルコのアイデンティティーが見直されているという。

3 パキスタン

パキスタン人口の九五パーセントがムスリムである理由は、一九四七年にヒンズー教を奉じるインドから、イスラームを国教とする国へと分裂して独立を達成したからである。パキスタンの公用語はアラビア文字を使用するウルドゥー語であり、ローマ字への変更という話は聞いたことがない。

人々は幼い頃からコーランの朗誦を教えられ、イスラーム教育が徹底している。一般にパキスタン国民は、ヒンズー教に強く対立するためか、「イスラーム至上主義」に凝り固まり、教条的な傾向が強い。だからコーランはよく暗誦しているが、イスラーム理解となると、やや疑問符がつく。

近年は英語を習得する学生の数が圧倒的に多く、アラビア語を学習する人口は減少している。大学での授業はすべて英語であるし、就職口も英語の出来不出来で決まるから、英語習得に熱心になるのも無理はないのかもしれない。

周知のごとく、国際会議の席上でインド・パキスタン人の発言を抑えられれば有能な司会者だと言われるほど弁の立つ人々であり、日本をはじめ世界中に進出しているが、自国の発展は口ほどにうまく行っていないようである。最近でも、アフガニスタン問題をめぐり、アメリカ側の顔色を読んで、それまで支援してきたタリバンを切り捨てる変わり身の早さを見せているが、貧困層の多い自国の舵取りは困難を抱えているようだ。パキスタン・ムスリムは教条的で過激な行動に走りやすい面もあるので、眼が離せない。

4 インドネシア

最大のムスリム人口を誇るアジアのイスラーム大国である。長い間オランダの植民地に置かれた歴史を持つが、人々の生活の中に五回の礼拝や断食の行がすっかり溶け込んでいる。モスクから流れる礼拝呼び出しの声がアジアの田園風景によく調和しており、人々は幼い時からアラビア文字を学び、コーランの朗誦はできるが、読解はインドネシア語に頼らざるをえない。

古くから宗教指導者や学者を養成するためにアラブ諸国の大学へ子弟を留学させているので、アラブ世界との交流が緊密である。特に何世紀にもわたってイエメン系アラブ人移民がイスラームの普及に大きく貢献してきた。海のシルクロードと呼ばれるインドとアラビアの沿岸伝いに伸びた海上ルートはマッカ巡礼者が辿り行く道でもあった。航空網がなかった昔は、海路が発達しており、インドネシア特産の香料や香辛料（スパイス）がこのルートを通じて運ばれたのである。

悠々とした時の流れに身を委ねてきたインドネシア・ムスリムも、近年の変貌する都市化の波にもまれて様々な問題を抱えはじめた。田舎のマドラサ（寺小屋）は、スコラ（学校）となり、外国語はアラビア語より英語学習の必要に迫られている。イスラームの行動規範もまた生活の変化につれて徐々に変わりつつある。

国内政治の変化は近年極めて急激で、そうした変革に対してイスラームがどのような役目を果たすのか、それがインドネシアの最大の課題である。また、通信の発達でイスラーム世界の情報がすぐ伝わるから、それらの問題に関してインドネシア・ムスリムとして、どのような行動をとるかの意志決定に日々迫られるようになってきている。

イスラーム大国として、アジア的社会の中でイスラームの存在意義が問いかけられており、その答えを模索しているのが、今日のインドネシア・ムスリムであると言えよう。

イスラーム経済

イスラームの預言者ムハンマドの職業が国際商人であったのを想起すれば、その生活を通して啓示された教えの中に経済理念が色濃く反映されていても不思議はないであろう。さらにその後を継いで帝国の版図を拡大した正統カリフもそろって有能な商人であったから、その統治にあたり経済政策を重視したのは当然であった。

帝国の広大な領土の統治者として派遣されたコライシュ族の本来の生計基盤は貿易であり、その観点から治めたので、イスラームは当初からキリスト教とは比較にならないほど経済に関心を払い、社会に占める経済の重要性を認めていた。コーランの中には既に契約や証書について言及しているし、シャリーアには七世紀の時代に売買から始まる商法の基本定義が明確に述べられており、経済制度の枠組みが成立していたのである。

「イスラーム経済」の名称は耳新しいために奇異に感じられるかもしれないが、歴史の上に厳然と存在し、時代の経過と共に本来の姿を展開してきた。それは今なお多くのイスラーム地域に伝統経済として残っており、「バザール（市場）」でその機能を果たしている。

「イスラーム復権」には、イスラーム・システムにより現代の経済を見直そうという目的が含まれている。これはイスラーム世界の政治や社会や文化との関連において経済全体を捉えようとする試みである。実証科学として数理に偏った経済学ではなく、多角的で豊かな広がりを持つ知的な領域から経済を直視する動きである。現代の経済学が数理による無機的で血の通わない抽象的なものだという欠点を補い、その中に喪失された道徳や倫理の側面に光を当て、人間の学として、「人間のための経済学」を追及しようという明白な目的を、イスラーム経済は持っている。

1 所有権に対する考え方

イスラームはどのような理念で経済を捉えるのだろうか。

天にあり、地にあるよろずのものは、アッラーに属し、アッラーはすべてのものを取り仕切り給う。

（コーラン第四、女章一二六節）

このコーラン節が示すように、宇宙に存在するありとあらゆる創造物は、これみな至高の神に帰属するという明確な概念に立つ。したがって財の所有は本来すべて神のものであり、時に応じて神がその代理人である人間にそれを委ねるという解釈である。

この神からの委託が、法的に言えば所有ということになる。簡単に言えば、人間が死ぬ時にはどんな億万長者であろうと一銭もあの世へ持参できないという意味である。

イスラームでは所有について、神に照らした正しい法的な規定を定めており、個人と社会の双方に益する営みでなければならないとする。すなわち所有とは、神が人間に託した仕事の一部であるから、その責任を持って実践することにより社会的な任務に参加するということになる。この考えに立つことで、初めて私有権が許されるのである。

だから私有権はすべて神に属し、人間にとっては絶対のものではない。つまり、神に許されて初めて人間は私有権を持てるというのが基本的な考えである。

こうして人間に許可された私有権を得るために、我々は経済活動に参加するのであり、これが労働の基本概念に繋がっていく。

労働は信仰の一部であり、健全な財産つくりは信仰の一部であることから、すべての人間は労働に直接参加しなければならない。それ故に誰かに労働を代理させて自分が間接的な位置に留まるのは許されない。

生産過程に次ぐ交換過程では、生産者から仕入れた商品を消費者へ配分するという任務に対する報酬として商人が利益を得ることが許される。だが、交換の過程で中間介入が必用以上に多くなり、富める間接者が介在して生産者と消費者の距離を大きくするのは許されない。

2 イスラーム経済の基本的な原理

イスラームの基本概念として最も重要とされるのが「唯一性（タウヒード）」であり、唯一神と人間の位置関係は一つしか存在せず、この解釈に立つことで「人間は神の前にあって皆が平等である」という説明と定義がなされる。

経済学にこの基本概念を応用した時に、他の経済理論と一線を画したイスラーム経済の基本原理が導き出されてくる。

①第一の基本…平等の原理

存在において平等ならば、職業や労働の種類や熟練度などにかかわりなく、「同じ権利が付与される」と考える。これを具現化するには、共同体（ウンマ）社会において公正がなければならない。

社会の公正を実現するためには、個々の相互責任を明らかにして正しい富の配分を定める必要が出てくる。

②第二の基本…格差の原理

これは唯一性（タウヒード）を別の面から捉えるもので、世界は多様な存在物から成り立つゆえに「個々の多様性を認める」という考え方である。

多様性とは、人間の顔が各人それぞれ異なるように、精神、肉体、思考、能力の特長も違うのは自然であり、これらの異なる存在物が集合して調和のとれた秩序正しい共同体が形成されるということである。

これを経済面から考えると、個人の能力や労働力の差異により所得の格差が生まれるのも容認されることになる。

所有についても、様々な形態があるとしており、私有、公有、国有という所有をすべて認める立場をとっている。資本主義や共産主義のようにどれかが基本となるかという見方はしない。

こうした格差を許容して、全体を調和させながら、発展を目ざすのである。

③第三の基本…制約の原理

人類に与えられた自由はあくまでも「唯一神との契約で許可された範囲内の自由」であるという認識に立っている。被創造物である人間には当然ながら多くの制約があり、唯一神だけが真の絶対自由を持つという当然の事実を理解することでもある。

イスラームは、不遜な人間にこの原理を弁《わきま》えるよう繰り返し教えており、六信五行もつきつめればこれを徹底させるためにあると考えられる。

この原理は、神からの制約さえ遵守すれば、逆に他の人間から束縛されないで個人の自由を謳歌できることを意味しており、内的で主体的な高度の精神を育むことに通ずる。つまり、イスラーム法に定められた価値基準内で自由な経済活動ができるということである。

3 イスラーム経済と現代の経済理論

資本主義社会は、所有の形態を個人の自由に委せるので、私有の範囲が無制限となる傾向を常に内在する。この無制限な自由が人間の所有欲をあおり、必要以上に富の偏在を産むという弊害につながる。社会の中にこうしたいびつな形がはびこり、理想的なあるべき社会構成とかけ離れ、様々な問題を生むことになった。それに対処するために、公有や国有が必然的に要請されることになったのだが、あくまで例外的な形とされている。

これに対してイスラームでは、「格差の原理」に従い、私有と公有という多様な形態の複合的な存在を認めるから、それぞれの法に則して、独立した運用をしてきている。

公有については時の統治者が責任を持ち、あくまでイスラーム法に沿った形で、公庫が資産を管理して人々の益のために運用した。

私有については「制約の原理」に従い、個人所有に無制限な自由を与えることなく、労働に応じた成果の私有が許された。

人間社会の安寧と調和を尊重するというイスラーム独自の価値基準により、固有の体制を成立させてきたのである。

現代の資本主義は、産業資本を持つ資本家が生産様式を決定するシステムであり、一六世紀なかばから始まった。それに技術の進歩、資本の蓄積、商業の発達が加わり、抽象化した数値だけに繰られた資本主義経済が成立したのである。資本主義が正しいかどうかは今日も試行錯誤の状況にある。また別の路線として現れた共産主義経済は失敗に終わっている。

マルクス主義社会は、資本主義とは正反対に、社会的な所有を基本原則として、所有のすべてを国のものとし、私有を例外的で変則的なものと見なした。だが、マルクスが唱えた社会主義は人間の持つ自由を束縛して、結局二〇世紀末に破綻することになった。

イスラームにおける「制約の原理」は人間による人間への自由の拘束ではなく、唯一神が許容する寛容な世界の中で人間の真の自由を満喫することなのである。

イスラーム経済は一六世紀以前に存在したシステムではあるが、法と規範がしっかりと整備されており、更に重要なのはあくまでも人間性を第一義とする相互扶助経済であり、人間の心が通う経済だということである。

イスラームは七世紀から経済に「制約の原理」を課しており、無制限な自由を抑制し、経済活動を円滑に営んできた。

一方、資本主義経済では市場の独占を制限する仕組みを持たず、貧富の差が拡大する傾向を有し、様々な社会問題を抱えることとなった。

制約を考慮しない、無軌道な人間のエゴにより、今後さらに危惧されるのは、地球上の土地や天然資源などの問題である。人口の増加を考慮すれば、必ず資源の不足が生じ、その奪い合いが生ずるのは不可避で、この問題に解決の道を用意しておくことが絶対に必要となる。

その時に、人間同士の衝突の代わりに人間は唯一神から地上を任されたという教えを自覚して、人間の幸福を価値基準の根本においたイスラーム経済の原理に沿って共同体の運営を行なうのも一つの選択肢となろう。

二一世紀の今日、改めてイスラーム経済の理念を検証することが必要とされているのではなかろうか。

イスラームに対する疑問

九月一一日の同時多発テロなど、近年世界各地で起きている重大な事件にイスラームの影を感じると言う人たちが多い。

しかしそれは、なんでもかんでもイスラーム対西洋近代文明の対立という構造に持っていき、個々の問題の本質をあいまいにしようとする動き、特にアメリカの文化戦略に影響を受けている場合が多い。イスラームを悪者にしておけば、「やりやすい」のである。そうしたやりかたがうまくいくのは、もちろん、日本人を含む多くの非ムスリムの人たちがあまりにもイスラームのことを知らないという理由による。

特にアメリカの人たちの反応を見ていると、恐るべき無知と思わざるをえない。いや、無知よりもっと悪い偏見がアメリカを覆っているように見える。その偏見の根は、絶望的なほど深くそれには固有の理由があるはずだが、それは本書のテーマではない。

ここでは、現代におけるイスラームへの比較的素朴な、あるいは基本的な疑問に答えていきたい。

1 イスラームはアラブにしか通用しない古い宗教なのか？

イスラームの普遍性について疑問を持つ者は、はじめにアラブという地域色が強いのではないかとの偏向性をあげ、次いで七世紀という過去の時間に生まれたものだとの制約をあげてくる。

まず、中東世界からは一神教の姉妹宗教であるユダヤ教、キリスト教、イスラームが相次いで誕生したことを忘れないでいただきたい。

この三つの宗教の背景は、ほとんど似たような砂漠の環境であり、同じセム人種の習慣や伝統の中から誕生したものである。イスラームが生まれた地域はキリスト教の生まれた環境とさして変わらず、しかもキリスト教よりさらに七〇〇年も若い点に留意してほしい。キリスト教とユダヤ教がローカルだとは誰も思わないであろう。イスラームはなおのことである。

日本人はともすれば、日本の慣習や文化とアラブの宗教イスラームを直接に比較したがる。しかし、一神教全体を視野に捉えて、それら全部を同時に比較対照しながらイスラームを理解するのが正しい方法と言えよう。

イスラームは既に中東地域から東南アジアの国々にまで浸透している。アラブ的色彩は現にそれらの国に紹介されているわけだが、何の問題も起きていない。そのことがイスラームの普遍性の証明でもある。

しかし、今日でもムスリムがイスラームを説明する時にしばしば用いる古い手法が、誤解される一因となっている。それは、イスラーム以前のアラブ（無明時代＝ジャーヒリーヤと呼ぶ）は部族間同士の戦闘に明け暮れ、略奪や殺戮が日常茶飯事に行なわれ、利那的な享楽を求める考えが人々にはびこっていたが、イスラームが紹介されたことで改められ、人々は敬神を旨とした規律ある平和の生活に入り、高い道徳と崇高な精神を学んだというものである。

この説明では、イスラーム以前と以後、すなわち西暦六一〇年に預言者が啓示を受けた以前と以後の話になるため、現代人にはピンとこないと思われる。

では、同じ文脈をこう言い換えたならどうだろう——。

現代の世界はイスラーム以前にあった部族主義の代わりに「国家至上主義」が幅を利かせているために、国家同士の利益追求に明け暮れて戦争が起こりやすく、人々は刹那的な快楽主義に走り、物質至上の大義に溺れている。だから今こそ真のイスラーム精神を紹介して、大宇宙の創造主である唯一神が教える規則ある秩序と高い道徳に従う生活を確立していかねばならない。

確かにイスラームは六三二年に預言者ムハンマドが完成したとコーランに記述があり、ムハンマドは人類に対する最後の預言者であるとの打ち止め宣告がなされている。ここで重要なのは、その「完成された」という宣言なのであり、それがコーラン啓示の終結ではあるものの、コーランを学ぼうとする者にとり「知の活動の始まり」でもあるのだ。

前に述べたように、ムスリムはコーランをして人生のガイダンス（案内）とし、沢山のインフォーメーション（情報）を含むレファレンス（参考書）の意味合いで、汲めども尽きない「知」の源泉と理解しているのである。

コーラン読解には二つの側面がある。一つは七世紀の時代考証を綿密に行なうことで章句を正確に理解するという読み方である。

もう一つは、後世のムスリムがそれぞれ生きる時代に即した応用解釈といった読み方である。後者は早くから、イスラーム法（シャリーア）の法源として確立しており、時代に適応する解釈を求めて様々な進展を見てきた。現在でも新たな事態に対応して新解釈を行なうことでイスラーム社会の活性化をもたらしている。

また、イスラーム教理は六信に見られる通り、極めて簡潔であり、理解しやすい特長を持つ。これが、社会を革新させるダイナミックスの原点となっており、現代においても様々な活動を日常生活の中に展開させているのである。

もちろん、過去の時代考証だけを重んじて教条主義的な思考に陥ると、活動は制限され、退行する。確かに、一部ムスリムには、七世紀そのものを再現しようと試みる傾向がある。

例えば、昔、預言者が伝道していた時に踊り手が奏でる音楽で邪魔をされた史実を根拠として、「音楽や舞踊を禁ずる」など、現代社会にそぐわないような行動に走ることなどがその例だ。中東のまだ後進性が残る国や地方で見られるこうした行動は、しばしば奇異の目で見られ、批判の対象となりやすい。

だがこれも考えてみれば、むしろ旧態依然とした社会環境だから旧式のイスラームがそれだけ機能するということなのであり、進歩を阻害するものだからという決め付け方は必ずしも正しくない。ましてや、人間の幸福感というのはかなり相対的なものであることを認識すべきであろう。

宗教とは、人間にとり基本の基本と言うべきもので、一生を通じて生活全般を委ねることのできるもの、換言すれば、時空を超越した存在を教えるものでなければならない。人間の生死を教え、現世と来世を包み込む教理を持ち、地球規模以上の彼岸を示唆するイスラームはその意味でまさに普遍的な宗教と言えよう。

イスラームはどの地においても、どの人にとっても有用なのか、という問いかけに対しては、誕生以来一四〇〇年の歴史の積み重ねがその回答である。イスラームは世界宗教として世界の人々に受け入れられ、現在も信徒は増えつつある。

2 イスラームは好戦的で怖い宗教なのか?

イスラームの語源には、平和の精神が織り込まれていることは既に述べた。信徒の挨拶である「アッサラーム・アライクム」（貴方の上に平安あれ）は、常に和平を希求して止まないあらわれである。

イスラーム世界の歴史を検証すれば、当初から人権を尊び、人種差別を完全に廃して、信教の自由を許し、武力によらず、交易を通じての伝道を行なってきたのは明らかである。だが日本ではこうした事実が見過ごされ、イスラームが好戦的でむしろ恐ろしい宗教のように捉えられているふしがある。

その最大の理由は「右手にコーラン、左手に剣」「正義の十字軍」といったたぐいの「宣伝文句」を鵜呑みにしてきたおそるべき無知である。

前にも述べたが、イスラームが宗教として、一部の仏教やキリスト教のように日本人好みの「絶対無抵抗主義」でないことは確かである。しかし、「正当防衛」と好戦的であることは別物だ。

アラビアの国旗には剣が描かれているものもある。剣は正義の象徴としての意味を持ち、日本の武士が刀剣を愛した精神と相通ずるものがあるのだが、これなども怖いというイメージにつながるのだろうか。

しかし、ボタンを押すだけで多数の人間を一瞬に殺すスマートで直接に血を見ない大量の「殺人機器」が、刀剣よりも果たして「優れて」いるのだろうか。

二〇世紀は「戦争の世紀」と言われ、世界大戦が二度にわたって起きているが、これはイスラーム世界とは直接には関係がなかった。ただ、世紀の後半に勃発した地域戦争が、中東地域に集中したことから、イスラーム圏が世界の火薬庫みたいな印象が定着してしまった。

しかし、パレスチナ問題も湾岸戦争もアフガン戦争も、英、米、ロシアなど大国のエゴイズムが最大の原因で、イスラーム諸国はその中に巻き込まれた被害者なのである。

そして、武力に劣勢な人々が自らの生命をかける以外に取るべき道は残されていない所まで追い詰められて、最後の手段として選択したのが「自爆行動」である。だがそれも、平和な彼岸から観察する者たちには、単に血生臭いニュースとしか捉えられない。

イスラームは本来、そうした弱者を助け、心に安らぎを与える教えなのであり、決して自爆テロを推奨するものではない。現にイスラーム諸国では、普段から自殺者はほとんどいない。平和をなにより愛するムスリムをそこまで追い詰めた西側のエゴイスティックな論理は追求されなくてもいいのだろうか。

3 イスラームは現代科学文明とそぐわないか?

七世紀に生まれたコーランの最初の啓示が、近代医学でようやく解明された胎生学を実証するものであったことは既に述べた。コーランは人間が「凝血」から出来上がるのだという結論を告げただけでなく、その事実に対する科学的な解釈を別章に語っているのである。

我は人間を創造するのに精選した泥を用いた。次にそれを精液の一滴として、しっかりした容器の中に納め、次いでその一滴を凝血(アラカ)に作り、次いでその凝血から、咀嚼状の塊(ムドガ)を作り、その塊から骨を作り、さらにその骨に肉を着せ、こうして新しい生き物を生み出した。

(第二三、信仰者章、一二—一四節)

アラビア語のアラカ(Alaqah)には、①吊るしたもの、②蛭、③凝血、という三つの意味があるが、そのいずれにも胎児との類似点が見られる。

①は母体の栄養を吸収しながら吊り下がった状態で子宮にいる胎児であり、②蛭も形状が似ており、

血液を吸って生きる生物である。③凝血は、この段階の胎児は比較的多くの血液を貯えた袋状の形態にあることが知られている。

更に、ムドガ（Mudghah）は、嚙み砕いた状態にあるものの意味であるが、口中で嚙んだガムの形状とその段階の胎児の外見がよく似ていることに驚かされる。胎児の背部の形はこの頃、歯形のようなかたちになってくる。こうした胎児の成長過程を克明に説明した記録は、二〇世紀の医学書が現れるまで、コーラン以外に存在しなかった。

近年、医学分野の発展で改めて注目された、コーランの一節は第九六、凝血章の一五―一六節である。

いや、いや、もし直ちに止めなければ、前髪（ナーシヤ）をぐっと捉えるぞ。あの嘘吐きで罪ふかい額の髪（ナーシヤ）を捉えるぞ。

このナーシヤ（Nāshiyah）とは、頭の前頭部を指す単語である。不信心で、嘘つきな者たちについて、何ゆえ彼らの頭の前部を捉えるとわざわざ謳ったのであろうか。大脳生理学により、実は人間の動機付けや善悪の行動を司るのが、前頭葉部であり、その描写が正しいことが実証されたのであった。近年になり証明されたこの事実が、コーランには的確に指摘されていたのである。

その他にも、地球物理学において、山が地中に根を張った「杭のようなもの」とか、大海において真水と海水が「仕切られている」という表現や、「雲がつなぎ合わさり」、「慈雨が降る」ということなど、多くの科学的事象を示唆する節に富んでいる。

宇宙の起源が「煙のようであった」というコーラン表現も、現代宇宙論の最先端では、高度で濃厚なガス状の混合で星が創成されたという理論と一致するし、地球最後の日はふわふわと羊毛のように飛び散るということまで書かれている。

こうしてコーランから始まったイスラーム科学は、エジプト、ギリシャ、ペルシャ文明の遺産を継承し、さらに発展させた。代数学（アルジブラ）、化学（ケミストリー）、アルコール、アルカリ、などのアラビア語に見られるように、イスラーム文明は科学、芸術、建築にわたる広い分野で開花して、ヨーロッパのルネッサンスに大きな影響を与えた。

イスラーム学を紐解けば、その思考法がすべて科学的な考察を基本としており、現代科学と抵触しないことは明らかである。

4 イスラームは女性差別をしているか？

昔の封建時代を代表する「男尊女卑」というコトバを、現在のイスラーム諸国へそのまま安易に当てはめて使用する傾向がどうもあるようだ。こうした単純な文化比較は誤ちを犯すことが多い。

コーランにおいては、人類が皆平等であり、肌の色や人種で、また男女による差別もいけないと宣言している。唯一神は確かに男女の両性を創造されたが、両性はそれぞれの分に応じた範囲で努力を全うし、協力し合いながら共同社会を運営するようにと教えているのである。

ここで注意すべきは、イスラームが男女の差別こそしないが、その特性を識別しているという事実である。

差別と識別は似ているようだが全く異なる認識である。例えば女性の特性としては、妊娠して子供を出産する大事な役割があるから、母体を常に優しく労《いた》わる必要があるという考え方であり、そのためには日常生活の中でその保護を考えねばならないとする。だが、この保護の精神という基本概念がややもすると過保護に陥ったり、逆に女性の自由を束縛するとして、むしろ差別に解釈されてしまうのである。

歴史的に見ても、イスラーム社会における女性の地位は、既に七世紀の時代に制定された遺産相続制度でも明白である。中近世のヨーロッパ社会で女性の私有財産が許されなかったのと対照的に、男子が一の相続に対して、女性がその二分の一となっていた。女性が結婚をすれば、家族の生活費は男性が面倒をみることからこう決定されたと言われるが、女性の権利は認められている。

また、イスラーム世界での一夫多妻制が女性差別の認識や、その誤解に輪をかけているようである。だがこれも過去の人類史を検証しながら、現実的に捉えるべきであろう。民族の存続をかけた過去の戦争では、馬に乗り、刀を振り回す肉弾戦が主力であった。そういう時代は当然、男性の方が優位であり、女性は必然的に守られ、保護される存在であった。また戦争が起これば戦死者が発生する。それら戦死者の妻や家族をどう救うかという救済的な意味も一夫多妻制の採択に含まれていた。

こうした生活支援の理由から、「四人妻」の制度となったわけであるが、イスラームで定義される重要な点は、その四人を平等に取り扱うということである。もし平等に扱えなかった場合には、「一人にしなさい」とコーランに明記されている。すなわち、「平等」が物理的にも精神的にもきちんと実践できないと、これは実現できないということである。

物理的には、四人平等に扱える人というのは、本当の金持ちか、全くの貧乏人層ということになる。金持ちならば妻たち全員に贅沢をさせられるし、貧乏人なら全部が赤貧洗うがごとき生活となるだろう。これが難しいのは中流階級、いわゆる中間層であり、多妻の者はほとんどいない。

さらに物理的な面以上に難しいのは、精神的な面での平等であろう。感情の動物である人間の愛がいかに不安定で微妙なものかは説明するまでもなかろう。イスラームの一夫多妻というと、ハーレムを連想する日本人が多いようだが、実際にはかなり厳しいものなのである。

さらに、イスラームがキリスト教と異なるのは、「離婚」が正式に認められていることである。これは男女双方から申し立てができ、その点でも男女の地位は平等である。

ところが、例えば戦時生活のアフガニスタン女性の閉塞状況といった特殊な面だけが強調されて、こうした実際面での合理性も、報道には現れてこない。イスラームの定める女性保護の本当の精神が見過ごされていることを強調しておきたい。

特に、イスラームで女性の教育を禁止することなど断じてありえないことである。それは戦争によって教育インフラが根底から破壊されたということなのであり、彼らの宗教とは関係がないと言った方が正しい。

5 イスラームは排他的か？

非ムスリムから見る「イスラーム」はかなり近づき難いもののようである。その理由について考えてみたい。

イスラームを知るためには、まず資料や文献を読むことになるだろうが、日本人はこれまで特に、入手する資料のほとんどを欧米の言語に依拠してきた。近代史を見れば明白なように、西欧列強がアジア、アフリカのイスラーム圏へ進出するにあたり、イスラーム研究に対してある種の意図的な戦略を持っていたことは間違いない。それにはかなりの偏見や誤謬が含まれ、けっして正しい姿でも中道の見解でもない場合が多かった。

それを増幅した更なる原因は、イスラームに必ず付いて回る独特な「アラビア語」の存在であった。イスラームを正確に理解するためにはアラビア語学習が必須であり、かなりの時間を取られる。だがこれを怠るとまず十分な研究成果を上げるのが不可能となり、誤った理解をする原因となる。コーランにしばしば繰り返されるアラビア語の重要性は、日本人が想像する以上の意義を持っている。


ハー・ミーム（註…神秘文字と呼ばれ、真意が不明な文字である）。慈悲ふかく慈愛あまねき御方からのお告げ。聖典は文句も明解であり、特にアラビア語のコーランとして、ものわかりのよい人々に下されたもの。（第四一、明解章、一―三節）

このアラビア語の特殊性が、イスラームを難しいものにしている側面は否めないであろう。

アラビア語を分類すれば、旧約聖書の言葉であるヘブライ語や、新約聖書を記したアラム語と同じ「セム語系」に属する。中東世界に残る聖典はみなセム語で書かれている。

特にイスラームの預言者ムハンマドは、唯一神アッラーの御言葉を、アラビア語で直接に受け取ったのである。その尊いコトバは一字一句誤らずに人々へ伝達され、その通りに復唱する義務が課せられ、そのまま理解される必要があった。記録され定着したコーランを正しく理解するためにその言語に固執したのである。他の言語に翻訳すれば本来の語義が失われ、正しい解釈がされない恐れがあるとの理由で翻訳も奨励されなかった。

その結果、コーランを理解するのに最も有利な人々は、アラビア語を母国語とするアラブ人となり、それが時にアラビア語至上主義ではないかと言われ、排他的と言われる。だがこれは「主義主張の問題」ではない。唯一神のメッセージを正確に理解するために必要な「科学的な態度」なのである。結果的にアラブ人に有利にはなったが、イスラームがアラブ人だけのためのものではないのはいうまでもないことだ。

またアラビア語の他に、特に五行に代表されるイスラーム法の戒律や規定があり、細かい作法が決められているから、それらをある程度習得しないとムスリム共同体へ溶け込めないことも事実だろう。それを排他的と言えば言えるかもしれないが、同様のことはあらゆる共同体に見られることである。このことをもって特にイスラームが排他的だというのは言いすぎであろう。

現代イスラーム社会の問題点

ムスリムが集まるとそこに共同体が形成され、それをイスラーム社会と呼ぶことになる。大はイスラーム国家から小は地方のムスリム団体まで、世界には多様なイスラーム社会が存在するが、その内部において、あるいは外部との関係において、現在いくつかの問題が噴出している。現代のムスリムが抱える諸問題について見ていきたい。

1 イスラームとアラビア語の関連

イスラームにとってアラビア語が絶対重要であることはわかっていても、これだけ非アラブ圏にイスラームが普及して「改宗したムスリム」の比率が増えてくると、どうしてもアラビア語習得の困難さに対する声が上がってくる。

イスラームがどうして極端なまでにアラビア語にこだわるのかについては説明済みだが、まず聖典コーランの中に「この啓示はアラビア語で降臨したのだ」という確認が何度も反復されて、唯一神が人類に話しかけるにあたりアラビア語を使用したという事実が明確だからである。そして、唯一神からのメッセージは「人々に正確に完全に理解されなければいけない」という大命題だからである。

セム語を話す人々の間では古くから、言葉は言霊の概念に支えられていると考えられ、神聖視されてきた。聖書に出てくる「はじめに言葉ありき」がその好例である。特にアラビア語は、啓示を伝える器であるから一字一句もおろそかにできないとされた。

その文法構成は、数学の体系に匹敵するほど精緻で理路整然としており、文法を習得した上で正確な意味解釈をなすという姿勢が徹底している。それは言葉を理解するという知的な作業に留まらず、言葉を伝える際の発音という筋肉運動に対しても正確さを要求する。つまり、聖典コーランが七世紀に伝えられた頃と同じ状態で、その後の人々へ維持、伝達しようとする努力が懸命に行なわれたのである。当然、コーランを外国語に翻訳することなど論外だった。

神の言葉を正確に伝えようとするには、それだけ厳密な配慮と検証が要求されるので、コーラン朗誦にも、七世紀に降臨したものになるべく近くという規範があり、新作や創作した朗誦は決して許されない。仏教の経文が僧侶だけのものとなり、「ありがたや、ありがたや」だけで意味が不明なまま信徒に聞かせるのとは根本的に異なっている。

こうしたことを知るムスリムは、たとえ非アラブでもアラビア語でコーランを学習することを重視する。実際、イスラーム諸国ではどこでも例外なくコーランの学習が盛んである。イスラームがアラビア語という衣装をまとうことにこだわり続けるのは、一語一語に含まれる意味の深さの並々ならぬことを、ムスリムたちが実感として捉えているからに他ならないからである。

アラビア語学習への不満は、要するにいい加減なムスリムの愚痴ということになる。

同様に、アラブ・ムスリムがアラビア語の不得手な他国ムスリムを軽視するのは、必ずしも理由のないことではないが、唯一神の前では正しい姿勢でなかろう。

2 現代諸学とイスラーム学の二重性

現在のイスラーム諸国の教育は、普通の西欧的諸学問を教える学校群とイスラーム学を専門に教える学校の二つに分けられる。前者の教科目の中にはイスラーム教養があるし、後者にも数学や人文、自然科学といった多くの基礎科目が含まれるが、専攻により大きな差が出てくるのは当然であろう。今日のアラブ世界では優秀な人材が医学部や理工系学部に進学し、職業的な自立を果たしながら、イスラームを精神的な支えとして社会への貢献を考える例が多い。しかしながら深遠なイスラーム学問の前では、その知識不足を指摘されることになる。

一方イスラーム学を専攻した学生は、過去の豊富なアラビア語文献の研究に膨大な時間を費やすことと、過去の歴史に現れた実例や判例の影響を強く受けるために、現実生活との乖離が生まれがちである。加えて、現代社会に必要な知識の吸収が少ないことで、時代に乗り遅れているとの批判を受けることがある。かなり前の話ではあるが、テレビ放送は偶像崇拝や道徳の荒廃をもたらすとして、宗教学者の一部が反対したなどということもあった。

つまり両者にそれぞれ弱点があるわけであるが、国家の政策決定や方針判断にあたって、イスラーム精神をいかにその中に生かし、イスラーム法（シャリーア）をどう運用するかは、結局そうした学者層や有識者に委ねられるしかない。

世界は日進月歩の発展をし、社会は日々変化を続けている。それに対してどのようなイスラーム的な対応が可能であるかという難しい問題に現在のイスラーム諸国は直面しているのである。例えば、イスラーム経済と現代経済学をどう適合させるかというような課題もその一つと言えよう。

3 イスラーム知識の受け売り

一般のムスリムが受け入れているイスラームは、基本的に六信五行の実践であり、それを生活に組み入れ、共同体に定着させて毎日を過ごしている。それまでに学んだ知識の範囲で、コーランではこう言う、イスラーム法ではこうだという規範を守り、疑問を抱いた時は識者に質問を投げかけて、各自が解決をしているのである。そして、ほとんどのムスリムは自分が育った環境の中で身につけたイスラームを最善のものと考えており、その価値観を変えることをしない。

そうした中でムスリムが非ムスリムに接する時、彼らの多くは、何も考えずに、自分の教わったイスラーム知識をただ受け売りするだけである。これを「伝道」と心得る、自称伝道者（ダアィー）が幅をきかせている。つまり、自省や自己認識の足りないムスリムでも結構それなりの役目をしているのは事実である。

だがこのやり方で異文化社会に接すると、様々な問題を引き起こし、混乱を招くことになりかねない。異文化に対しては、それぞれの生活や行動様式の背景にあるものを十分考察してから実践を行なうべきであり、無駄な衝突や摩擦を避ける配慮が大切となる。

ムスリムは教示されたイスラームを自分自身で咀嚼し、正しい理解を深めた上でそれを実践することが必要で、単に教義を暗誦して摸倣するだけでは不十分なのである。イスラーム学が余りにも膨大であるがために、イスラームを知識として受け取るだけに終わり、本当の思索にまで深めて新たな思想や思考に発展させるという段階に至る者が少ないというのが、現在のムスリムが抱える問題であろう。

実践面での習慣付けはそれがイスラームの求めることなのでもちろん大切だが、思考面では、過去の因習にとらわれず、未来を見据えた柔軟でより広く深い思考力が必要とされるだろう。

4 政治における問題の噴出

イスラーム諸国の歴史を辿った前章において、近代では列強の侵略により植民地支配の厳しい状況に置かれて、各国がいかに困難な時代を過ごしたか見てきた。その国際政治の冷酷さは二〇世紀を通じても尾を引き、現在もアフガニスタン問題、パレスチナ問題として毎日の報道が伝えている通りである。

この中でムスリムが求めるユートピアというのが、預言者ムハンマドと正統カリフの黄金時代なのである。本来のユートピアの言葉に含まれる「空想の世界だけで現実には存在しない理想の地」の意味ではなく、既に歴史上に実在したその理想社会を多くのムスリムが今日でも追い求めている。しかし、それが七世紀の時代を背景とするために、現代に生きる人々の眼から見ると、古色蒼然としたイメージの理想郷に映り、時に原理主義の名前までを冠されることになってしまう。

確かに預言者の時世を理想に掲げるのは、目標が明確であり、素晴らしいことではある。その時代の精神や意図することを汲み取り、実社会に適応させるのが本当のイスラーム的な動きであろう。しかし、それが形式的な面の追求にばかり走り、当時の生活様式の再現が何より優先されるとなると、問題が生じてくる。アフガニスタンのタリバンが批判されたのがまさにその点で、女性への保護が過度に行なわれたり、極端な娯楽の禁止や、偶像の破壊といったことはあまりに表面的な復古主義と言えよう。

今日のイスラーム諸国の政治体制は国ごとに異なっている。王制あり共和制ありで、ムスリムが置かれている状況も各地域で全く様相が違っている。正統カリフ時代の制度やその頃の精神とはかけはなれた状況にあるのは間違いない。

そうした状況でムスリムがどういう行動をとるべきかという論議は、本質的に難しい問題を含んでいる。特に政治の場では、議論を重ねながら試行錯誤を続けているのが今のムスリムの姿である。

5 実生活における非ムスリムとの軋轢

交通・通信の発達によって、またビジネスや研究のネットワークの拡大によって、ムスリムが非イスラーム社会に出かけたり居住したりする機会が非常に多くなった。ムスリムがイスラーム圏内に居住する限りでは日々の信仰活動にはもちろん何の支障もないが、一度その圏外に出ると様々な問題に出会う。

宗教規定（イバーダート）に関して見れば、礼拝は一日五回、どこで行なってもいいことになっているが、金曜日にはムスリムが集まり、合同礼拝をするよう定められているから、集合場所としてのモスク設営が必要となってくる。

さらに集団礼拝時には男女の席がはっきり区別されており、特に女性は髪を覆い、肌を露出しない服装が義務づけられているので、服装が異なる地域においてはかなり目立つ存在となってしまう。ムスリマ女子学生がフランスの学校内でショールを被って授業を受けることの可否をめぐって論争が起きたという報道がある。職場でも同様のことが生じるであろう。

ラマダーン月の断食は日中の飲食を絶つだけであるが、肉体労働者にとっては難しい場合もあり、イスラーム圏外で断食を行なう時に理解を得られないケースも多い。

ムスリムが外国生活で一番苦労するのは食生活であろう。特に豚肉についてはコーランの中で禁忌が厳しく定められており、その他、死肉、流れる血、アッラー以外の名が唱えられ屠殺された動物の肉、絞め殺された動物の肉、撲殺された動物の肉、墜死した動物の肉、角を突き合わせて殺された動物の肉、野獣が食い残した肉、さらに賭博で分配した肉などと共に、食べるのが禁じられている。イスラーム所定の屠殺法は、「アッラーの御名において、アッラーは偉大なり」と唱えてから、鋭利な刃物で一気に喉笛の頸動脈を切開することであり、これが最も苦痛を与えないで動物を葬る方法とされている。

これらをどのくらい厳格に解釈するかで、食生活上の融通の範囲がかなり異なってくる。例えば目の前にある肉が、豚肉でなければよいとするか、屠殺方法まで問い質すのか。それにより入手可能な肉が相当に限定されてくる。肉の出所までこだわる信徒は魚を食するのが安全となる。それは海からの食物ならば「摂取可能（ハラール）」という伝承があるからである。

さらに肉以外の食料品、加工品、レストランでの料理などについてこだわりだすと、もっと難しいことになっていく。豚肉から抽出された材料が含まれているかどうかは、かなり高度の化学分析が必要だろう。これらはこだわりと感覚の問題以上に、「食してはならない」という教義をどこまで守るかという意識の問題なのである。

飲酒も同じく宗教規定から禁じられ、罰則が適用されることになる。イスラームでは特に、肉体を大事にすること、精神を大事にすること、財産を大事にすることの三つが重要とされている。肉体を大切にするためには、それを害するものは必ず避けるべきとされ、この最たるもので、「悪い食べ物」が豚肉にあたり、酒もまたこの範疇に入ってくる。さらに酒がもっと悪いのは、肉体のみならず精神をも錯乱させてしまうからである。

もちろん、だからといって、「乾杯」という習慣がないムスリムが協調に欠けるとか、非協力的ということではない。むしろ酒が入らないと人間付き合いがスムーズにいかないという人々の方に問題があるのではないだろうか。

とはいえ、こうした「食」を筆頭とする日常生活の中でムスリムが気を使わなければならないことが多いのは事実である。

第一〇章

日本のイスラーム

日本イスラーム略史

日本にイスラームが紹介されたのは二〇世紀の初頭になってからである。大航海時代から始まった西洋諸国の植民地支配に対する防御政策として、一七世紀以来日本がとった鎖国政策がイスラームを完全に閉め出したわけである。

明治の開国により、キリスト教、イスラームともに解禁となったが、脱亜入欧を目標とした日本では、欧米文明の背景となるキリスト教のほうが優勢で、イスラームは不遇をかこっていた。

当時はオスマントルコ帝国の末期にあり、「回教圏研究所」などがイスラーム研究を推進した。後に、イスラーム学の世界的な権威と認められ、コーラン邦訳をされた井筒俊彦教授、アラブ関係著作を多数残された前島信次教授をはじめ、佐久間貞次郎、大久保幸次、小林元、内藤智秀、ほか錚々たる研究者を輩出したのである。他方、商売や移民でイスラーム社会に居住した民間人が増えていき、その中から改宗者が出てきた。

1 第二次世界大戦までの日本人ムスリム

戦前の日本人改宗者は、いずれもイスラーム世界を直接に訪れた人たちに限定されている。生まれながらのムスリムたちと生活を共にして、イスラーム社会に同化するため入信したというケースである。

戦前のムスリム先達の足跡を追ってみると、一九〇九年に日本人として初めてマッカ巡礼に赴き、イブン・サウド大王と謁見した山岡光太郎（ムスリム名ウマル）は、アジア大陸を漫遊して現地のムスリムと親交を深めた剛毅の人であった。彼は『アラビア縦断記』『回々教の神秘的威力』というイスラームを最初に紹介する著作を出版した。生涯を独身で過ごし、戦後は「国会図書館の仙人」という渾名を得ている。

日本人で二番目の巡礼者は、田中逸平（ムハンマド・ヌール）で、一九二四年のことである。『白雲遊記』を著し、一九三三年に再度の巡礼を果たした後に帰路で病を得て帰らぬ人となった。

鈴木剛（ムハンマド・サーリハ）もイスラーム活動に身を挺して、一九三四、三六、三七年と三度の巡礼に参加した。『メッカ巡礼記』の著書を残したが、一九四五年、台湾海峡で撃沈された「阿波丸」と運命を共にした。

小林哲夫（ウマル・ファイサル）は軍部から派遣されてトルコへ渡り、その後エジプトの最高学府アズハル大学で学んだ。その間にマッカへ二回巡礼し、さらにシーア派の聖地ケルバラーに詣でている。著書『インドネシアの回教』を残し、一九四三年セレベス上空で搭乗機が撃墜されて戦死、享年三一歳であった。

さらに戦前イスラーム圏に渡り、戦後も活躍されたムスリムには次の方がおられる。

茅葺信正（イブラヒーム）…中野学校からエジプトのアズハル大学に留学し、戦後は三菱商事ボンベイ、カイロ支店長として活躍し、日本の中東ビジネスのパイプ役で辣腕を揮った。暖かい人柄で部下や後輩の面倒見がよく、慕う者が多かった。

林昂（ウマル）…戦前カイロ大学に学び、戦後一九五六年より、満州太郎の異名を取った山下太郎のアラビア語通訳となり、アラビア石油の創立に奔走した。リヤド事務所長の重責を長く務め、富士石油副社長を歴任、現在なお日本サウディアラビア友好協会の副会長である。サウディアラビア王家の信頼が厚く、両国友好に尽くした功績は大きい。

三田了一（ウマル）…戦前は満州鉄道に勤務し、中国大陸の鉄路敷設に活躍した。戦後は山口で教鞭をとっていたが、パキスタンのムスリムと親交を密にし、一九五八年に戦後の日本人初の巡礼者となった。日亜対訳『注解クルアーン』は心血を注いだ労作である。イスラーム信仰を日本人の心に育んだ敬虔な教徒であり、塩山ムスリム墓地に永眠する。

小村不二男（ムスタファ）…戦前、蒙古で現地ムスリムと親交があり、改宗したとのこと。戦後は京都に在住し、日本イスラーム友愛協会を立ち上げ、三田氏らと共にイスラーム諸国を訪問し、イスラミック・センターの理事も務めた。その間に散逸していた戦前のイスラーム関連の資料を収集、編纂して、『日本イスラーム史』に取りまとめて刊行した業績は特記される。

斎藤積平（アブドルカリーム）…戦前はアフガニスタンに在住し、ペルシャ語、パシュトウー語、英語に堪能であった。戦後、パキスタンミッションの導きで入信。イスラーム諸国との連携に活躍した国際人であり、塩山ムスリム墓地建設の功労者でもある。出身大学である拓殖大学に籍を置いて、後輩の指導にあたり、戦後生まれのムスリムの指導に当たった功績は大きい。

森本武夫（アブーバクル）…戦前に海外居住の経験がない唯一の例外派。自宅が東京モスクに近いことからイスラームに興味を持ち、スリランカ出張を機に入信、日本ムスリム協会会長をつとめた苦労人であった。

渡辺正治（アブドルムニール）…戦前からムスリムと親交が深く入信。インドネシアで活躍し、ヒズブッラーグループを結成させた。戦後は自ら（株）丹青社を創立して一部上場会社まで発展させた。ユーモアに富む独特の語り口で在日ムスリムのまとめ役を果たした。

2 戦後の日本人ムスリム

終戦後はイスラーム諸国から帰還した日本人ムスリムが、一九五二年に宗教法人日本ムスリム協会を設立し信徒の絆をつなぎ留めた。初代会長はインドネシアで入信した今泉義雄、二代目会長が三田了一、三代目が斎藤積平、更に渡辺正沼五百旗部陽二郎（ウマル）と続いた。イスラーム圏への留学生派遣、ムスリム墓地の運営管理などの活動を地道に行なった。

戦後第一陣のアズハル大学留学生としては、一九五七年に浜田明夫（ウマル、アラビア石油）、鈴木伯郎（ズベイル、東洋加熱）の二名がいた。

第二陣は一九六二年に八名。東北大でインド哲学を専攻後にイスラーム研究を志した磯崎定基（ラマダーン、大東文化大学）、日本ムスリム協会の今泉初代会長が長野県に伝道した際に入信した飯森嘉助（ユースフ、拓殖大学）、片山廣（シディーク、千代田加工）の両名と、在京エジプト大使館から推薦された谷正則（アブドッラー、東京銀行）、西郷諭（ハーリド、千代田加工）の両名。斎藤三代目会長の知己であった野田美紀（サーリハ、日本揮発）、そして私こと鈴木紘司（アハマド、住友商事）、更にインドネシアで改宗した近藤富雄の子息、近藤充茂（アブドッラー、千代田加工）であった。

第三陣は一九六五年に六名。当時エジプト大使館に勤務していた樋口美作（ハーリド、日本航空）を除き、残りの五名はすべて斎藤門下の拓殖大学生で、小笠原良治（ムフセン、大東文化大学）、武藤英臣（タイブ、アラビア石油）、新井卓夫（アーメル、アブダビ石油）、近藤公隆（ザーキル、合同石油）、徳増公明（アミーン、アラビア石油）と続いた。

彼らはいずれも戦前のムスリムの子弟や、関係者、教え子などであった。その頃の入信者は少なく、単なるイスラーム諸国への興味、もの珍しさという素朴な理由で近づいた者たちが大半であった。

3 一九七〇年代から現在まで

一九七三年に勃発した石油危機は、日本とイスラーム諸国の関係を変容させる大きな転機となった。この地域に埋蔵される石油資源がクローズアップされ、色々な人がイスラームへの接近を図るようになったのである。

入信の動機も多岐にわたるようになり、ビジネスのため、オイルダラーに興味があるため、中にはイスラーム新興宗派を作りたいという大それたものまで現れてきた。日本に「オイル・ムスリム」が生まれたという記事を、ロンドン発刊の中東専門誌『ＭＥＥＤ』が発表している。現世の利益を求めるという日本人の宗教感覚をそのまま如実に示してイスラームに接近した時代であった。

石油に続く中東のイメージは、その地域に勃発する紛争であり、イスラームが平和の宗教と言われても、戦争の報道に押されて日本人にはなかなか理解しがたいものになっていく。湾岸戦争に見られたイラクの暴挙が平和のイメージをほど遠くさせ、否定的なものにしたことも事実だ。

こうした中でも、日本におけるイスラーム研究は前進し、ビジネス、外交などさまざまな分野でイスラーム諸国と日本との絆は強まっていった。それらにはいくつかの流れがあるが、その成果は宗教を通したムスリム同士の繋がりよりもはるかに大きかったと言えよう。

アラブ・イスラーム研究に貢献した学者としては、六〇年代にエジプトへ留学し、帰国後に中東学会を設立したアラブ現代史専攻の板垣雄三（東京大学名誉教授）、イラク留学の佐藤次高（東京大学教授）を筆頭とする国立大学の研究者、また、ベルリン、テヘラン、カイロで教鞭をとったイスラーム思想専攻の黒田寿郎（国際大学教授）、またハディースを完訳した牧野信也（杏林大学教授）、女性の研究者としては、サウディアラビアのベドウイン村実地調査をまとめた片倉もとこ（中央大学教授）、シリアのアレッポ市場を通してイスラーム経済の分析を行なった黒田美代子（駒沢女子大学教授）などがいる。

戦前から歴史のある大阪外国語大学アラビア語学科からは池田修（同大学学長）を始め、商社や企業で活躍した人材を多く輩出し、また戦後に創設された東京外国語大学も同様に武藤幸治（ジェトロ）らの卒業生たちが活躍した。

一方、外務省もアラビア語を通じてイスラーム諸国との関係強化を担った。戦前のエジプト留学生として、田村秀治（サウディアラビア大使）、小高正直（シリア大使）、多田利雄（カタール大使）、戦後は片倉邦雄（イラク・エジプト大使）、小原武（イラン大使）、須藤隆也（エジプト大使）、渡辺伸（アルジェリア大使）、塩谷和（マニラ総領事）、秋山進（イエメン大使）、木村光一（カタール大使）などのアラビスト外交官の功績は大きい。

また中東世界の情報と資料を丹念に蓄積したのは、土田豊初代理事長（エジプト大使）の「中東調査会」であり、戦後まもなく外務省の外郭団体として設立された。石油危機以後は、通産省がアラブ諸国との関係強化を目的として、民間企業を取りまとめて「中東協力センター」を作り、企画庁が支援した「中東経済研究所」（小山茂樹所長）が創立されて中東地域を結ぶ基盤を築いた。七九年、武蔵野に開館した「中近東文化センター」は中近東文明の美術品を実際に鑑賞できる貴重な場所である。

戦後のイスラーム世界を日本に紹介する上で、メディアの働きも大きかった。特に主要新聞社の中近東特派員であった牟田口義郎（朝日新聞）、北村文男（読売新聞）、林茂雄（中日新聞）、また最首公司（東京新聞）などの記事が印象に残る。

日本企業のアラブ・イスラーム圏への進出も顕著なものがあった。一〇大商社は各地に支店や駐在員事務所を設置して、多くの現地プロジェクトを立ち上げた。各社では現地での即戦力としてアラビストを育成し、その中には社内で「アラビア通」と称された今井精紀（住友商事）、竹内良知（三菱商事）、藤井稔（ニチメン）などいて、二〇世紀後半の日本経済の発展に寄与した。

このように、七〇年代以降は日本とイスラームとの接点が増したのだが、不幸なことに、日本では宗教への関心が徐々に稀薄となり、それに追い討ちをかけたのがオウム真理教事件、さらにアメリカの同時多発テロ事件だった。イスラームは危険な教えであるというイメージが先行することになったのは残念でならない。

4 外国人ムスリム

日本においてイスラームのために寄与した外国人ムスリムについても触れておこう。

戦前、イスラーム伝道に努めた最高の導師は、旧ソ連の宗教弾圧から逃れて来日したアブドルラシード・イブラヒームである。現在、多摩墓地の片隅にひっそりと永眠される師の豊富なイスラーム、アラビア語の知識の種子は、井筒俊彦教授をはじめとする日本の学者に移転されて、見事に結実したのである。

また、東京モスクの建立に尽力したコルバン・アリーを始めとする、日本に定住したタタール系トルコ人がおり、歴代のイマームを選任して東京モスクを護り抜いた。その中に、長らくムアッジン（礼拝呼び出し役）をつとめ最後にイマームとなったアイナン・サファーがいる。彼の息子の一人がその昔、ラジオの司会者で知られたロイ・ジェームスである。

戦後は、パキスタンの「タブリーグ・グループ」が残した足跡が特筆される。一九五六年から始まった来日で、須田正継、斎藤積平が改宗したこと、更に三田了一をサウディアラビアまで招いて、コーラン日訳に着手させたことがその業績である。しかし惜しいことに、近年はその伝道の形式が余りにも古いということで、人気を失ってから久しい。

六〇年代に日本で学んだムスリム留学生たちには、サーリハ・サマライ（イラク、農学博士、リヤード大学教授）、アブドルバーセト・セバイ（エジプト、工学博士、工業省次官）、アブドルラハマン・シディキ（パキスタン、銀行員）、モインファル（イラン、石油大臣）などがいた。当時はムスリム学生協会を設立して活動をしていたが、その力を結集させ、一九七四年に「イスラミック・センター・ジャパン」

を設立することになる。

イスラミック・センター・ジャパンはマッカにある世界ムスリム連盟の支援を受けながら、日本とイスラーム諸国との間を結ぶ絆となった。このセンターで活躍したのは、ウマル・ムーサー（スーダン大使）をはじめとする当時の若手留学生であり、センターの会長はサーリハ・サマライがつとめた。

一方、東京モスクが取り壊されていた八〇年代の後半からの一〇年間は、アラブ・イスラーム学院の旧建物で礼拝が行なわれていた。そして二一世紀を迎えた時、東京港区元麻布の一角にサウディアラビア王国、イマーム大学の東京分校として「アラブ・イスラーム学院」が新装され、アラビア語習得とイスラーム学研究を志す者へ、広く門戸を開放している。

また同じ頃、代々木上原のモスクは、トルコ政府の支援により、美しいトルコ調の装飾を施した「東京ジャーミア」として完成した。この建設のためにトルコから一〇〇人余の宮大工が来日して腕を振るい、今見るような見事なモスクができあがったのである。

今日に至るまで、東京にあるイスラーム諸国大使館のすべてが、それぞれに惜しみない協力を提供してくれたことを忘れてはならないだろう。

また、来日したムスリム個人も、それなりに日本のイスラームにつき真摯に考え、様々な形で寄与してくれた。例えば、リヤドで建設会社を経営するアブドルアジーズ・アッザーム技師のおかげで地道なフォーラムが開催され、その後「地域文化学会」が発足する運びとなったことなどは忘れられない。

日本人ムスリムが直面する問題

1 宗教観の大きな違い

現在の日本は宗教に自由であり、一切の制約や束縛がない。そのせいか、日本人は「信教の自由」ということを勝手に解釈して、自分自身が宗教を選べる、自分で神様を自由に取捨選択できると、思い上がっているようだ。こういう考えが「神を冒瀆する」ことにすら気付かないのは空恐ろしいことでもある。

だから何かの目的、例えばイスラーム聖地の撮影をしたいために便宜上の改宗宣言をして、当初の目的を終了すればイスラームから離れるという日本人が結構いる。イスラーム法では背教や棄教には死刑が課されるのだが、入信を安易に考え、きわめて無頓着である。

多くの日本人が、「私は無宗教であります」と広言してはばからないのも特筆すべきことである。世界の常識では宗教が人間の精神を支える柱であり、その心棒がない思想は信用できないというのが一般的である。宗教の重みが日本と全く異なっているのだ。だから、宗教がないというのは、人間宣言を放棄した、信用できない人と誤解されかねない。

また、世界の大半の国では、宗教と社会が密接に絡み合うから、改宗には厳しい現実が伴う場合が多い。改宗により自分の家族や社会からの決別を強いられることも少なくない。そうした世界の現実に比べて、今日、神仏に対する日本人の観念は、かなり軽いものとなっているように見える。

これまでは仏様を拝んでいましたが、本日から心を改めてアッラー様にお祈りを捧げます、という感覚では、イスラームを理解するのは難しいだろう。それは、もし「アッラーの神」が気に入らなければ、そのうちに他の神様の所へ行きますよということでもあり、実際に多くの者が改宗をした後でイスラームから去っている。

さらに日本では現世利益《げんせりやく》の追求が宗教の根本にあるようで、この考え方は一神教宗教と完全に一線を画する。イスラームが教える「アッラー」とは、絶対存在者であり、宇宙の歴史が始まる過去の過去から、地球が滅び宇宙が消滅する未来永劫に存在して、人間を導くのである。こうした基本理念は、日本人の「カミサマ」の概念や現世利益と余りにも隔たっている。

2 酒と豚肉の問題

イスラームでは、酒は汚濁の飲物とされており、天然水を最上のもてなしとしている。酒飲みが吐く息は最低のものであり、飲酒が刑罰の対象とされる罪となっているのである。

スペインまで広がったイスラームが何故それ以上西欧へ広まらなかったのかについて、興味ある話が伝わっている。その頃の西欧諸侯はかなりの愛飲家だったようで、イスラームの主旨はごもっともだが、酒が飲めないのでは改宗したくないという者が多かった、というものである。

これは今の日本人が共感を覚える話かもしれない。論理を尽くして懇切丁寧にイスラームを説明しても、「はい、わかりました。それでもわしの生き甲斐は、一日の疲れを癒してくれるこの酒です」と言われて、ニッコリされたらどう反論できようか。

日本では「軽く一杯行きませんか」というのは、友達になりませんかという意味でもあり、これを頭から否定するのはその拒否とも受け取られかねない。日本人はどうも酒抜きの素面で会話するのを苦手とする傾向があるようだ。

イスラームではなぜ酒を禁じるのか。それはやはりイスラーム発祥の地の風土と関係が深い。酒を飲んで時間を忘れ、方角を失うと、砂漠の中では自分の生命すら維持できなくなるだろう。時間と空間をしっかりと認識すべき時に酒は厳禁なのである。それは車の飲酒運転の禁止やパイロットに禁酒が課せられる規則を持ち出すまでもないであろう。

しかし、日本人の場合、飲酒は既に日常習慣に緊密に組み込まれているから、結構微妙なことになる。

豚肉についても、日本人の食生活の一部となっているので、縁を切るのはやっかいだ。トンカツやギョーザともお別れとなると口さみしくなる、と言う人も多いだろう。

訪日したムスリムの一部に見られるように、日本において豚関連食品のすべてを避けようと神経質に対応したら大変である。レストランや加工食品に豚の成分がどう混入されているかは誰にもわからない。完全に排除したいなら、自前で食品検査をする設備を整えねばなるまい。

このように、日本社会で酒も豚肉も拒否して生きていくというのは確かに簡単なことではない。

3 在日ムスリム同士の問題

日本人ムスリムが日本で生活を送る時、日本人同士のつきあいより、むしろ在日外国人ムスリムとの軋轢に神経をすり減らすことの方が多いだろう。日本人同士の場合は、この人はイスラーム教の信徒となったもの珍しい人だ、ということで済んでしまう。しかし、外国人ムスリムとのつきあいは、そう簡単にはいかないのが通例である。

まずイスラーム的考え方では、ムスリムが第一範疇による分類であり、次位の分類が国籍になるから、日本人ムスリムは彼らの兄弟となり、それ故に日本のものよりムスリムの習慣の方を優先させる方が大切だと考える。そして一部の外国人ムスリムは、日本の文化を理解しないまま、彼らの慣習を強制しようとする。その時の決まり文句が「これはイスラーム的でないから」である。こう言われると、新しく改宗したムスリムは知識がないから、素直に従わざるを得なくなる。

その結果として、イスラーム諸国の衣装まで着込んだ変な日本人ムスリムが誕生して、日本の町中を闊歩することになる。

一方これとは反対に、改宗してもムスリムの慣習や五行に馴染まないで反抗したり、独善的な振舞いをする日本人がいる。イスラームの形式を守らなくても心の中で神に祈ればそれで十分だとか、俺はラマダーン月に昼間の断食はしないが、夜間の日没から夜明けまで一切の食事を絶つのだとか、自分で新たな規則を創り出すのだから始末におえない。

こうした両極端の日本人が出るのは、日本人に対するイスラームの導入が円滑にいっていない証拠である。この結果、ムスリムにはならず、賢く一歩離れたところから評論する先生方のほうがはるかに多いということになってしまうのである。

4 葬儀をめぐる問題

いずれにせよ、本人が生きているうちはまだ議論の余地が各人に残されているのだが、葬儀となると慣習の衝突が決定的になる。

現在、山梨県に土葬によるムスリム墓地があるが、これができるまでに様々な議論があった。ご存じにように東京都条例では土葬は禁止されている。しかし、ある外国人ムスリムは、遺体を火葬にするのはハラーム（禁忌）であるとして、断固これを拒否した。遺体を火あぶりにするのは罪人に対してのみで通常は許されないこと、遺体がなくては復活の日に支障が出るからだと強く主張した。

それに対して反論が出た。コーランの記述にあるように、アッラーは全能であるから、遺体が焼かれても、最後の審判の日には復活を約束されているはずである。さもなければ事故で焼死した善人はどうなるのだろうか、そんな不公平なことを偉大な唯一神が行なうか、というものである。

結局この問題はエジプト法学者会議の見解を仰ぐことになり、結論としてはコーランにあるように、人間は土から創られたので土に帰るのが自然であり、土葬が望ましいということになった。こうした激しい論争が行なわれた結果、山梨県に土葬によるムスリム墓地ができ、現在、宗教法人日本ムスリム協会が管理している。

これに限らず、葬儀になると、慣習の差、宗教文化の違いが噴出してくる。ムスリムは仏教式の葬儀を嫌うから、日本人ムスリムの遺族と外国人ムスリムが遺体の引き取りを巡って争うという深刻なことも起こる。これはまた、家族の全員がムスリムではないという日本独特の宗教事情にもよる。

実は、外国人ムスリムでも国により考え方や知識の蓄積に差があるので、「イスラーム慣習」と一言で片づけることはできない。現在日本で見られるイスラームは、トルコ様式、アラブ様式、パキスタン様式、イラン様式、インドネシア様式、この頃はアフリカ様式まであって、それぞれに異なっている。イスラームと言いながら、各国の慣習、伝統や様式がそのまま持ち込まれている場合も多いのである。

日本人ムスリムは十分なイスラーム知識の裏付けを持った上、こうした事情をわきまえて、ムスリム兄弟と共存するという対応を迫られているのである。

あとがき

コバルトブルーに煌く見事な海に抱かれたミンダナオ島ザンボアンガで、私は二〇世紀最後の三年間を過ごした。この地はイスラーム圏の最東端にあたり、第八章に書いた「海のシルク・ロード」の終着点である。蛙の合唱が盛んな稲田に映るモスクのシルエットとスペインがもたらしたキリスト教会が併存する文化の混交地域であるが、一昔前の素朴な自然が至る所に残っている。

この地で過ごすまでは、遥か西方、「海のシルク・ロード」の起点であった中東イエメンに滞在していた。双方の共通項はイスラームであり、辺境ということである。

イエメンはアラブ民族を産んだ故郷として、今日の中東世界では奥座敷となっている。古きアラブの面影を十分に残し、男たちは今でも腰に短剣を差して町中を闊歩し、旧市街のバザールの喧噪は何世紀も続く人間の営みを伝えている。

古都サナアは海抜二三〇〇メートルの高地で乾いた土層だが、街中のある家で面白いものを見た。そこの庭の一角に、ドイツ政府から技術協力で派遣された農学博士が作ったという小さな貯水槽があった。水槽の縁に地面から斜めに細い板が立てかけてある。何かと聞くと、蛙が通るための道だという。砂漠地ではめったに見られない蛙の姿を見つけたので、わざわざあつらえたというのである。小動物の生命力の逞しさと人間のやさしさに感嘆した。

そして、ひさしぶりに東京のコンクリート・ジャングルへ戻ってきた時、ふと思い出したのは、松尾芭蕉のあの名句「古池や、蛙飛び込む、水の音」について、一人のムスリムがこう解釈したことである――。

素晴らしい。その静かな古池とは悠久の世界を象徴するものであり、蛙の立てた水音は人間の一生の比喩に違いない。

彼の解釈を科学的に説明するならば、古池とは秩序ある法則で動く大宇宙そのものであり、蛙とは小さな米粒のような地球の寿命だ、ということになるだろう。宇宙の創造者である偉大な絶対者「アッラー」に対して、矮小な人類が奢り高ぶってはいけないと、イスラームは教える。

現在の日本人の生活を見ると、緑に恵まれた本来の日本の自然を傍に追いやり、テレビやゲームなどのバーチャル画像を中心に据えて動いているような気がする。こうした人工画面は一見華やかで、知識が詰めこまれているようだが、なにか空しい。

私が辺境に長くいたせいであろうか。単なる知識の蓄積だけで人間の幸福は得られるのか、という疑問に逢着する。辺境の素朴な自然には、小さな生物の動きにすら人生の意義を感じさせる何かが存在する。バーチャルなものが発する感動と自然が教えるそれとでは、質的に異なるような気がするのだ。

こうした人間の感性の本質を鋭く突いた個所を多く含むのが、七世紀の啓示コーランである。そこには当時の感動が躍如として語られ、味わえば味わうほど、また朗誦すればするほどに心を揺さぶるものがある。

このようなイスラームに関して何か書くようにと、誘って下さった出版社「めこん」の桑原晨氏に私はまず感謝する。さもなければ怠け者の私はこのささやかなまとめすら、先送りとしていただろう。また、そのきっかけを作ってくれた下山茂氏に対して謝意を表したい。

イスラームは、時間を現世と来世とに切断し、最後に統一すると教えるが、その彼岸に旅立った多くの親しき人々のため、終わりの行間に私の真情を込めた祈禱を捧げる。町田孝君、水谷和宏君をはじめとして、お世話になった諸先達など、多くの故人のために…。

二〇〇二年八月

ハッジ・アハマド・鈴木

ハッジ・アハマド・鈴木　日本名**鈴木紘司**（すずき　ひろし）　ムスリム名**アハマド**

一九四一年生まれ。親子三代続いてマッカ巡礼を果たしたムスリム・ファミリーの二代目。

一九六二年、エジプト最高学府アズハル大学に留学し、イスラーム学を専攻する。

一九六九年から、サウディアラビア日本大使館に在職。

一九七四年、石油危機勃発を契機に住友商事に入社。中近東ビジネスを一貫して担当した。中東での滞在生活は、エジプト、サウディアラビア、ヨルダン、バーレーン、イエメンと二〇年余りに及ぶ。

一九九七年、住友商事を準定年退職して、アジア・イスラーム諸国を訪問。

一九九八年、フィリピン共和国ミンダナオ自治州経済顧問として同国在住。

二〇〇一年、東京港区元麻布に新設されたサウディアラビア王国イマーム大学東京分校、アラブ・イスラーム学院、常任顧問に就任。

著書『西アジアとイスラムの国』（共著、小学館）、『世界歴史の旅・アラビア』（共著、講談社）、『詳解アラビア語日本語辞典』（共著、中東調査会編）、『中東とイスラムが本当によくわかる本』（KKベストセラーズ）

イスラーム教徒の言い分

初版印刷　2002年９月１日
第１刷発行　2002年９月11日

定価　1800円＋税

著者　ハッジ・アハマド・鈴木©
装丁　菊地信義
発行者　桑原晨

発行　株式会社めこん
〒113-0033 東京都文京区本郷３－７－１
電話 03-3815-1688　Fax 03-3815-1810
ホームページ http://www.mekong-publishing.com

印刷　株式会社太平印刷社

ISBN4-8396-0154-2　C0030　Y1800E
0030-0203152-8347